阅读成就思想……

Read to Achieve

THE TECH ENTREPRENEUR'S SURVIVAL GUIDE

How to Bootstrap Your Startup, Lead Through Tough Times, and Cash In for Success

创业生存记

如何经营好一家初创企业

[美] 贝恩德·舒纳（Bernd Schoner）/著　汤懿/译

中国人民大学出版社

·北京·

·本书赞誉·

贝恩德博士为科技创业公司提供了一整套基于经验的、有效且具操作性的指导——典型的麻省理工媒体实验室风格“实践超越理论”，任何想创建自己科技公司的人都必须读一读此书。

伊藤穰一（Joichi Ito）
麻省理工学院媒体实验室负责人

在美国科技创新中枢肯德尔广场，贝恩德博士是最具洞察力的创客之一。我以旁观者的身份，见证了他从企业初创到最后成功退出的全过程。如今，他把这些真实历程一一写进了《创业生存记》一书中。

对所有的创业者而言，本书不可错过。《创业生存记》阐述了创业的各个侧面，从生存下来的正确方式到把公司卖给大企业后的生存法则，以及期间所应关注的关键节点。

蒂姆·罗（Tim Rowe）
剑桥创新中心创始人兼CEO

贝恩德博士凭借其丰富的经验，睿智、幽默地阐述了创业筹建、融资、退出等阶段的问题解决之道。他所著的《创业生存记》为科技创新的初创企业提供的帮助简明而实用。

汉斯-迈克尔·郝瑟（Hans-Michael Hauser）
波士顿咨询集团常务董事

本书为任何想要创业的人提供了关键而明智的指导，为新兴企业家指出清晰的道路。

桑杰·萨尔玛（Sanjay Sarma）
机械工程教授，麻省理工学院副校长

《创业生存记》是我读过的最有用的创业书籍之一。贝恩德博士诙谐、幽默的写作手法使得阅读本书是一种享受。

斯特凡·戈茨（Stefan Goetz）
赫尔曼·弗里德曼私募股权投资公司常务董事

贝恩德博士基于自己的经历给科技型创业者提供指导，不论最好还是最糟糕的创业历程贝恩德博士都经历过。所以他的建议完全基于现实，对创业者而言是非常有价值的；同时，阅读他那充满戏剧色彩的创业历程，也是种有趣的阅读体验。

延斯·维斯特曼（Jens Wu stemann）
德国曼海姆商学院院长

贝恩德博士的全新视角、原创洞察和创新解决方案，既便对于资深创业公司和像我们这样的风投机构而言也非常新颖且相当有价值。《创业生存记》一书高度实用，并且读来有趣。

乔纳森·克罗艾克（Jonathan Gworek）Morse，
Barnes-Brown & Pendleton PC 合伙人

《创业生存记》是有创业志向的科技创新企业家的必读之作。本书翔实地介绍了创建公司的各个方面，特别是面对那些不确定因素时，作者以诙谐、细腻的笔触，给出了极具价值的解决方案。

托马斯·韦伯（Thomas A. Weber）
瑞士联邦理工学院教授

贝恩德博士给科技型创业公司提供了广泛而适用的指导。他不像其他科技天才那样讲些陈词滥调，而是提供了更现实的创业操作方法。

埃尔加·弗莱施（Elgar Fleisch）
苏黎世联邦理工学院、圣加仑大学教授

·译者序·

这不是一本教创业者如何做产品的书，而是一本让初创企业生存下来的书。

由于从事品牌体验设计工作的缘故，我常常和创业者打交道；自己也是连续创业者，所以深谙一家初创企业、一个新兴品牌要能够生存下来，需要全面的系统支撑，而不仅仅是拥有梦想和好产品。

现在我们身处由新兴技术引领的变革时期，这个时期充满创新，从互联网、大数据、物联网到生物科技等各式各样的新技术集体爆发，伴随而来的是各种新兴需求和新兴市场。大量拥有创新技术、拥有资源整合能力或者其他独特核心价值的创业者纷纷涌现，成立创新型企业。创新型企业的数量前所未有地增长。

然而，这么多创业者中，大多数并不熟悉创新型企业该怎样运作；尤其不了解当其处于初创阶段时该如何运营。即便部分创始人来自大企业高管，但成熟大企业和一家初创小公司之间的运营是截然不同的。因为成熟企业面对的是比较确定的市场，使用的是确定的管理方式，他们更在意提高效率、品质和利润最大化。而一家初创企业面对的是不确定的产品与服务、不确定的市场和不确定的人员，大量不确定因素的交集注定创新型企业的发展之路充满风险。所以对创新型企业，尤其是初创阶段的创新型企业来说，如何运营能使其生存下来并健康成长才是最关键的。这正是本书的亮点所在。

我阅读过大量的创业书籍，而这本书是我最喜爱的，它非常适合创业者。本书作者通过亲身经历，将一家初创公司整个生命周期各个阶段的运营方式全面而系统地介绍给大家，不仅内容翔实、极具说服力，而且语言谦逊、幽默，读者能够从中获得极高的阅读体验。

以下是我为什么推荐这本书的几个理由？

全面

全书从初创公司的启动到发展融资直到最后的退出，三个阶段全面地讲述初创企业的生存法则。内容涵盖：从选择创业时机到早期筹备资金及人员；从如何注册公司到怎样保护企业的知识产权；从怎样签署风投协议到遇到危机时的风险融资策略；从何时出售自己的企业到成功退出。作者全面而系统地讲述了如何运营一家不确定的、高风险的创新型初创企业。

实用，不说教

作者贝恩德·舒纳博士没有把书煲成一锅“关于初创企业如何成功的说教鸡汤”。相反，他以自己的亲身经历为基础，梳理成实战体系，指导初创企业各个关键时刻的关键作为。初创企业的成功并不是由时髦的理论构建的，而是被那些犯过，或加速犯过的错误所修正的。贝恩德·舒纳博士不仅系统地分享了该怎么正常运营初创公司，更分享了各种困境条件下的运营方式，以及可能遇到的陷阱和应对的诀窍。这是本书对于创始人而言最有价值的，他没有一味华而不实地展现光鲜，也没有仅仅罗列事后心得，而是真正把风险、困难、陷阱一一呈现，并提出具有操作性的方法。这对创始人而言才是实实在在的法宝。

平易近人的风格

阅读贝恩德·舒纳博士的著作是一种愉悦享受，他用平易近人的写作手法讲述深刻的企业生存法则，用通俗的语言讲述复杂的风险融资方法，而且非常幽默，读者阅读此书就像看一本小说一样流畅平顺。

最后，感谢在翻译过程中支持我的同济大学设计创意学院许扬波副教授和沈旭韡同学，谢谢你们的帮助。

愿带着一颗初心、怀揣美好梦想的创业者通过阅读本书避免那些不该犯的错误，提前知晓各种陷阱，节省宝贵时间，把你的企业带向正确的道路！

前言　创业梦想

挑战不可能的事，绝对是一种乐趣！

华特·迪士尼（Walt Disney, 1901–1966）

2000年夏天，我和四名研究生同学接受了十年左右的高等教育后，即将从麻省理工毕业，尽管成绩优秀，但临到毕业依然恐慌：毕业后该干什么呢？ 我们都能顺利拿到博士学位，这就意味着不得不离开研究生院。博士学位是真正的终点：再也无法躲进超酷的实验室里，两耳不闻窗外事了；再也没有可以拯救世界的项目了；老实说，博士阶段的经历妙不可言！于是我们坐在媒体实验室前的草坪上，陷入沉思，最终决定创办一家公司，名为"魔法事业"（ThingMagic）——一家技术设计与原型生产公司。不同于其他带着梦想辍学去创办公司的成功者，我们创办这家公司仅仅是因为我们不得不离开学校了。

我们决定从车库开始自己的事业，就像20世纪成功的科技型创业前辈们一样。这是个正确的选择，因为车库是自己的，房租全免。大家花费了几个小时清理了凌乱的车库，支起书架，搬来长凳，拉上网线；当天，我们就进入正题，着手电路设计了！

那时，正值如图 I—1 所示的互联网泡沫破裂期间，根本找不到投资人和资金，所以我们为大企业开发项目以换取资金。

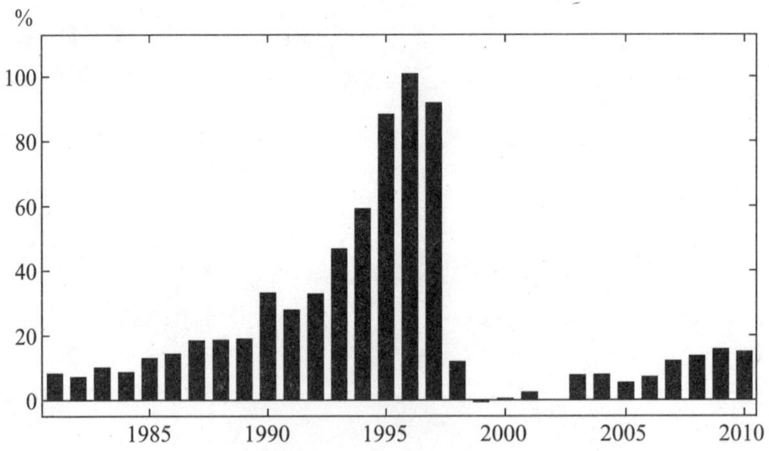

图 I—1　风险基金的年平均收益（扣除费用和利息）

数据来源：Cambridge Associates LLC in collaboration with the National Venture Capital Association (NVCA), *Venture Capital Returns*, 1981–2013, Arlington, VA, http://www.nvca.org.

为了公司生存，我们节省各项开支。尽管我们的薪酬远低于当时的市场水平，公司创始人和管理层不得不接受薪酬递延领取。公司勉强支付给最有价值的员工刚刚好的奖金，以免他们离职。我的联合创始人永远不会原谅我：从一个粗鄙的高速公路休息区，花几美元淘来一堆没用的二手电脑和示波器，上面还贴着安然（the Enron）的标签。我们从不旅行，除非有人买单。我甚至还与客户合住过一个酒店房间，这辈子我再也不想和客户如此近距离接触了。

在公司早期自力更生的阶段，我一毛不拔的管理方式为我自己赢得了

“守财奴”的名号。

正是这样的节省策略，让我们在早期实现了赢利；相反，当风险投资注入资金后，公司却没能继续维持赢利。我还记得，早期公司财务状况波动很大，频频接近死亡。公司的现金流相当不稳定，任何看过我们现金流季报或周报的人，都会倍感压力。然而，这个早期阶段恰是企业整个生命周期中，最高产且富有成效的阶段。坦率地说，我从未如此拼命地工作过。

创业初期，作为一家服务型公司，我们逐步开发了无线电射频识别技术（Radio Frequency Identification, RFID）的产品组合。因为在这个领域，我们碰巧遇到了一些赢利的项目，所以并非我们主动选择了 RFID 技术；而是 RFID 技术选择了我们。2004 年，沃尔玛和其他几家欧美大型零售商给我们带来了机遇，他们提出了射频识别产品的委托需求，要求供应商一律采用 RFID 标签发货，否则就不再接受他们的供货。

科技产业的发展令人敬畏，大量前所未有的好机遇叫人难以置信！那些世界级大公司对某项特定新技术的渴望相当迫切，以至于这些新技术还来不及经市场验证就被采纳。保守估计，射频识别行业除了需要大量读码器、软件系统和业务流程再造开发外，每年还能卖出数百亿美元的标签。

对于魔法事业公司来说，如此高速发展的市场是把双刃剑。很快，我们就在业界树立起了品牌知名度，我们的品牌影响力甚至远远超越公司的规模和赢利能力。我们幸运地押对了宝，而且处于非常有利的地位去赢得高额利润和个人财富。当然同时，良好的前景迅速吸引了大量竞争对手和资本的加入。短短几年内，十几家初创公司涌现，射频识别行业吸引了超过十亿美元的资金注入。

那年，行业内一个初创竞争企业以高于 2 亿美元的可观价格被收购。其实我们也应该跟着竞争对手，尝试在那时出售公司的。但我们走了另外一条道，趁着射频识别技术受资金追捧，决定放弃自力更生，开始筹集资金。

在那之前，我们设计了一套射频读码器的授权方案。于是有几家大型跨国公司开始买我们的技术，并获得授权制造与分销。一开始，这个授权策略运行良好；但慢慢地它成为了障碍，因为获得授权的公司坚持排他性，他们既没有积极地推销设备，也没有对我们的产品制造需求作出回应。我们被迫尝试自己来制造，当然授权制造商伙伴们都不同意这样做。

我们当时完全不知，制造产品是一项多么昂贵且高风险的事。一旦建立起库存，而客户又不买货（尽管他们一开始承诺要买），这会是个问题。若你的生产数量不够，无法满足客户的需求，这也是个问题。预测正确的产量听上去很简单，但实际上根本估不准！ 早年的资金短缺，以及后来量产的失误，都给了我们极大的教训。

公司一直在艰难中苦撑。直到 2005 年，我们改变了魔法事业公司的法律结构，融到了超过 2 000 万美元风投，并聘请了专职 CEO。得益于射频识别行业被炒得很热，我们在此轮风投中获得了相当高的估值，而在之后的融资中再未获得过如此高的估值。事后看来，那一夜，我们将自己推向了亲手打造的 RFID 泡沫中。

当资金注入魔法事业公司后，我被这家小公司瞬间拥有的一切惊呆了：年度外部审计、长期责任保险、符合市场水平的工资、红利、展会摊位（价值 10 万美元）、公共关系代表、成堆的法律文件以及关键人物保险。一夜之间，我们成为了一家真正的公司，一家非常有钱的公司。

就在 A 轮融资结束后没几天，一位副总在会议中感叹："过去我们习惯用便宜的方式做事，现在我们要用正确的方式做事了！"他把我设定为吝啬的角色，对此我很反感。很不幸，这位副总的想法具有代表性，整个公司的行为都在改变：每个小组和部门都认为需要花费，资金消耗的速度因此比任何人的预期都要快。不料几年后，节省开支又再次不得不成为重中之重，而之前那位副总早已离开公司，另谋高就了。在魔法事业公司的整个生命历程中，“做正确的事”曾数次改变其内涵，而“用最经济的方式做事”才是真正有价值的铁律。

风险投资家和董事会喜欢用公式来套用兼具不可预测性和复杂性的初创公司。他们迅速建立起一支经验丰富的管理团队，运营这个由技术人员成立的年轻公司。任何出现困难征兆的部门，都成为空降兵的机会。他们连续不断地聘请了多位副总，负责工程、业务开发、销售和制造，并要求我们招募一支中层管理团队。

不幸的是，不到两年的时间，大部分高管纷纷离职。尽管他们经验丰富，但仍无法应付魔法事业公司面临的具体挑战。他们之前的大公司管理经验显然不适合初创型公司，比如在必要的时候应该果断裁员，而不是眼见整个季度出血不止却束手无策；应该大幅调整业务模式，而不是设计一堆没人要的盒子；应该亲自拜访客户，而不是派下属出去却带不来任何成果；或者将生产转移到中国，而不是随便找个角落里的制造商。

射频识别市场在经历了繁荣之后，萧条紧随而至。当整个行业正准备迈向全世界，而我们正处于行业优势地位的时候，整个市场突然跳水。曾推动我们发展的潜在客户，一下子都不急着把钱花在这项神奇的发明上了。此时公司刚刚达到 60 名员工，却要被迫裁掉一半相处得很好的同事——毋庸置疑，那是公司历史上最痛苦的时期！

我曾经告诉满腹牢骚、工作劳累、待遇不足的员工们：“如果我们所需的每个资源都能得到满足，反而会干不好事情；我们必须游走在不可能的边缘才行。”建议合理的做法是：健康的小企业需要的员工比传统大企业要少得多。令人惊讶的是，许多初创公司并不明白这点，即使明白的少数人也会把它忘在日常生活和工作的焦虑之中。具有讽刺意味的是，一轮裁员会压制住最大的抱怨。幸存者能理解公司的做法：通过有效的裁员维持运转，实现股东价值并且保护好留下的职位。

加速我们这个行业衰退的是某些 RFID 专利持有人。他们利用人们害怕惹上知识产权官司的心理,从买家那里索取高得不合理的许可费。最终,这些专利持有人并没有赚到多少，但他们的行径却打消了买家对 RFID 产品的兴趣。面临可能的知识产权之争,许多客户对该技术简单地说了句:"谢谢，不用了。" 第二波专利巨魔出现的时候，显然他们谁也没汲取教训——当没人可以出售这项技术时，谁也赚不到钱!

行业萧条导致许多竞争对手倒闭。幸亏我们及时调整了业务模式，得以从萧条中幸存下来。我们缩减了开支，大量裁员，并且专注于开发技术先进的代工生产（OEM）组件——那些比我们大的竞争对手看不上眼的组件。然而，A 轮融到的钱很快见底，资金需求却螺旋上升，我们不得不持续寻找更多的现金来维持运营。

在接下来的三年里，我们从投资人团队以及几个新的股权融资机构拿到了几笔过渡性贷款。由于我们实际的估值下降，所以需要设计越来越有创意的金融工具。我们的投资者表现出很大的耐心，也很支持我们。RFID 危机严重影响了我们行业的初创企业，但危机总算快过去了，正逐步淡出大型金融机构和技术公司的视线。投资者又开始乐意投资像我们这样灵活的、能保护其个人投资组合的公司了。

我们以为最坏的时期已经过去。孰料 2008 年 9 月,世界金融危机爆发。所有的商业活动嘎然停止。之前发生过的危机，包括互联网泡沫，与此相比,简直是小巫见大巫。之前的危机或多或少仅仅是发生在特定的行业里,而 2008 年的金融危机不同，她是所有危机之母，影响了每个市场、地区、公司，以及每个人的私生活。

几名魔法事业公司的风险投资人陷入财务和领导力危机。在那种情况下，没有任何投资代表留下来照顾我们，主动管理那些数百万且处于风险中的资金。银行开始采用极端措施，比如赎回风险投资的初创公司，我们幸运地躲过此劫。没有任何机构是安全的，因为资金来自不可靠的高额溢价。

在所有的艰难中，我们明白了一个道理：当风险投资者及他们的同行都没有资金时，或者不愿意投资陷入困境的公司时，他们是不会有任何宽容之心的。那些不想玩了的投资人，一旦不再考虑后续的融资，那么他们的优先股即转为普通股。魔法事业公司奇迹般地得以减少未偿还的优先股，而筹集后续资金。作为管理团队成员，我很突然地意外成为杠杆，协调投资人中的坚定分子和动摇分子之间的争执。

全球金融危机导致了市场对 IT 和 RFID 设备需求的不足，尽管市场比崩盘的时候要好一点。到了 2009 年，创始人和董事会认为是时候卖掉公司了。投资人不再愿意投钱给魔法事业公司，创始团队也显得疲惫不堪，感到幻想破灭，且已削减至 3 人。我们中的一些人再也不说话了。也有一点迹象表明，射频识别市场将很快从诅咒中恢复过来。

我们雇用了一位投资银行家，他迅速地给出了并购方案，没想到我们还是戏剧性地争执了 18 个月之久才最终达成并购交易。在最后这段时间里，又一位联合创始人离开了团队（在最糟糕的时刻）。我们陷入与主要投资方的争吵之中，并购谈判这件事不会把人好的一面展现出来。简直就像一场尖叫比赛，让平时很理智的人变得有些可笑，但都是为了争取利益，不得已而为之。

2010 年秋天，我们最终卖掉了自己的自成立以来已超过 10 年的小公司，期间公司和市场都经历了数次转变。我们最终将公司卖给了价值 10 亿美元的上市科技公司——天宝导航公司（Trimble Navigation），其总部设在加州。我们的投资人相当满意，并乐意合作。图 I—2 为我们展示了 2004—2013 年美国创业公司退出后回报情况。

我们继续艰难地谈判，试图保护我们的员工及魔法事业公司收购后的完整性。所有的员工都得到了有保障的工作，只要继续留在技术部门工作即可。就个人而言，我并没有挣到足够买私人岛屿的钱，还是得继续为生活而工作。

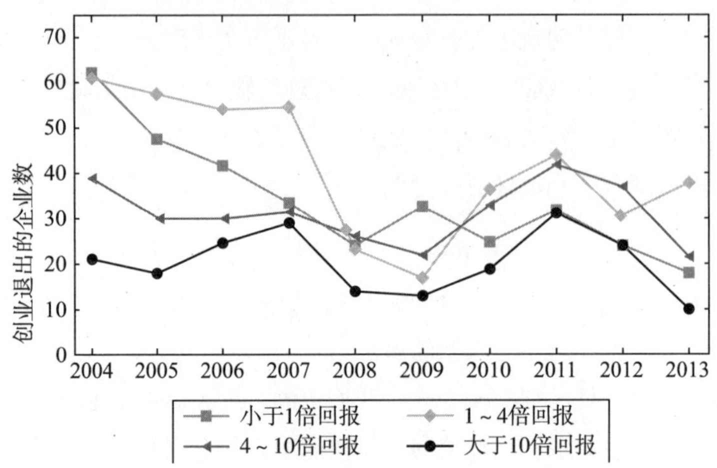

图 I—2　美国创业的退出和回报（2004–2013）

数据来源：National Venture Capital Association (NVCA), *Venture Capital Statistics*, 2000–2014, Quarterly Reports, 2004–2013, Reports and News Releases, Arlington, VA, http://www.nvca.org.

到魔法事业公司被并购之前，已有三位联合创始人离开公司，老实说我也曾数次想跳槽。但最后，坚持下来的创始人和关键管理团队对并购还是起到了关键性的决定作用，对员工权益的保护也很有帮助。至于在由金钱主导的并购谈判，人们自然很需要捍卫者挺身而出。创始人若不能以其投资金额的倍数出售公司的话，就无法为自己的雇员建立有保障的合同。离开的创始人已经无心关照公司、员工及他们自己的合法利益了。

被收购以后，我被安排负责整合魔法事业公司的技术与母公司的产品，基本上将魔法事业作为母公司内部的子公司来运营。被收购后几个月到几年的时间里，许多方面都类似魔法事业初创期，我们的主要任务仍然是提供技术，并创造商业上的成功；不同的是，此时可调用资源的更多。只是出乎我的意料，作为一家大型上市公司的一部分，工作依然是艰巨的。

总之，不管是世界金融危机也好，RFID 行业衰退也罢，或是魔法事业公司内部的动荡；最终，我们还是从另一条途径到达了终点，并且创造了优秀的产品与品牌，在射频识别行业内享誉数年。

我为何要写这本书？我花了十几年的时间努力让一家科技公司成功地应对了每一个难以想象的障碍和灾难。我想与读者分享这些经验，以帮助高科技创业者去克服这些障碍，尽可能减少损失。而我已步入中年，写书刚好能充分利用我多余的精力，好过其他的无聊消遣。

这本书详细呈现了一个高科技企业从创建、融资到出售的整个自然生命周期，尤其各个阶段经历的各种危机与磨难。

在第一部分中，我将引导读者了解整个初创企业的启动过程。开办一家公司并不难，但最好把它驾驭在正确的道路上，以充分实现其商业潜力。在创业早期，自力更生地研发技术是有必要的，作为一家科技型企业，技术在企业生长后期大有用武之地。

在第二部分中，展现了风险融资的险恶荆棘之路。风险投资可以让创业成功，但在许多情况下，外部资金对创始人和员工的利益也可能是致命的打击。如果说资本对打造企业来说是必需的，那么创始人及管理团队需要谨慎考虑，该引入多少资金？从谁那里引入？及何时引入？

在第三部分中，我提供了如何出售自己的公司并盈利的建议，哪怕面对难看的财务报表、牢骚满腹的员工和糟糕的市场。保持团队完整和强大是两个最重要确保成功退出的谈判砝码。

许多科技创业者最终眼睁睁地看着自己的公司死去，不知道哪里出了问题；许多风险投资家看着自己所投资的公司烧掉了数百万美元，却没有产生任何回报；许多小型科技公司的员工发现自己每隔一年就要找份新工作，却没能得到最后的回报。然而结果不应该那么糟糕。这本书所呈现的方法，对各利益相关各方都提出了合理的期望，可以帮助许多初创者避免不幸的结局。

这本书面向正在引领公司走向成功的科技创业者们，希望可以帮助他们避免巨大失败,迈向华丽上市之路。我希望能帮助科技公司创始人成功，即使您正处一个艰难的市场环境中；或陷入金融危机；或有联合创始人退出；甚至最终卖身给不友善的投资人。一般创业书籍喜欢把科技创业比喻成纯洁的象棋比赛，只要有正确的策略和技能就必然能通往成功和财富。实际上，运营一家科技公司更像打游击战：计划再好，也会被超越你掌控的现实所淘汰。战略固然很重要，但机会策略同样重要，尤其当先前的假设不奏效时，你仍然需要寻找机会去维系公司的顺利运营。

·目录·

第一部分

启动：凭空创造的风险

第二部分

股权筹资：创业企业的双刃剑

THE TECH ENTREPRENEUR'S SURVIVAL GUIDE

第一部分

启动

凭空创造的风险

How to Bootstrap Your Startup, Lead Through Tough Times, and Cash in for Success

How to Bootstrap
Your Startup, Lead Through Tough Times,
and Cash In for Success

01 我该不该创业

我们知道自己是怎样的人，却不知道自己可能成为怎样的人。

摘自莎士比亚的《哈姆雷特》（*Hamlet*）

高科技创业者比其他任何职业都能享受到更多兴奋、更多机遇和回报。当然那些糟糕的例外，比如我们之中的一些创始人执行了注定失败的商业构想而浪费了企业早年的成长期；一些创始人把亲友们一生的积蓄扔进了草率决定的冒险项目中；而另一些创始人根本无法处理好自己在创业期间的巨大情绪波动。

在你打算放弃相对稳定的职业之前，需要考虑以下这些重要的问题：为什么要创业？ 为何是现在创业？ 在什么条件下创业？ 如果仅仅是为了赚钱，那结局比较好衡量。但经济回报仅仅是众多考虑因素之一，而且现在谈钱未免言之过早。事实上，如果你主要是受金钱利益驱使，那么当自己的公司达不到上亿美元的估值时，你一定会陷入失望的情绪中。

把握时机

与那些离奇的故事相反，仅仅有一小部分科技创业者是在非常年轻的时候创业的。仅有 15% 的科技创业者是在 30 岁前创业的，而 40 岁前创业的创始人也只占半数多一点。一般而言，科技型企业从创建到结束的平均寿命为 15 年。

令人惊讶的是，在所有的美国公司创始人中，只有 0.9% 是没有大学学历的 25 岁以下的年轻人。正是鉴于这个数字，那些大学辍学而创业成功的人，比如比尔·盖茨、史提夫·乔布斯和马克·扎克伯格就更引人注目。

从职业生涯刚开始，到快退休的时候，或者期间的任何一个时间点，都有人创办自己的公司，并成为成功的企业家。对我们许多人来说，正确的时机、天赐的机遇比详细的策略更重要。对于那些年轻且时间充裕的创始人来说，我们来探讨一下在职业生涯的不同阶段创办科技公司的利弊。为什么一个二十多岁没有什么专业经验的年轻人，可以考虑开公司？为什么一个刚大学毕业或研究生毕业的人来创业也可能是个好主意？

- **贫困的福气。**首先，如果你高中毕业后就创业，即使失败，也不会落后别人太多。因为你的经济需求可能一直很低，比如和别人一起合租条件普通的公寓；没有家庭负担，一人吃饱，全家不饿。你不用负担年纪大了之后可能会有的经济包袱。和你的灵活财务状况一样，你期望的职业方向也是灵活的。

将来有足够的时间挣钱，而现在贫困一点也没关系。你暗地里希望追随乔帮主（乔布斯）的脚步，他曾说过：“我从来不担心钱…我本来就出生贫寒，那段经历很好，那个时候我就没担心过钱，后来变得非常富有，就更不用担心钱了。”

- **最聪明的时间段。**刚离开大学或研究生院的时候，你正拥有最新最棒的科学、商业和技术技能优势。你在这些教育中掌握的深度知识是非常重要的，而这种知识技能的新鲜度，在你将来的职业生涯中是不会再有的了。

事实证明，聪明的雇主有系统地积极招募最强学校刚毕业的最聪明的学生，这绝对是个明智之举。作为一名创业者，你有机会为自己找到最新的教育（而且是已付费的），这比你付费给咨询或财务服务公司一周7天24小时吸干你的大脑要强多了。

- **学术告别礼物。**刚走出校门，你可能拥有最新鲜的一手资料，比如一个好想法、一项技术或是一个可商品化的新型专利。有时候教授或科学家会碰巧发现一项具有商业潜力的新技术，而不需要付出他今后太多的职业时间。可是这么好的机会，大部分专家终其一生只会遇到一次，通常在读研究生或刚毕业时。
- **纯真的爱好者。**最终，当你完成学业时，更可能与那些喜好相似的同龄人走在一起，你们具有相似的自由精神意志，相似的个人情况与能力。你可以找到与你志同道合的毕业生共同去开创一家公司，开启一项伟大的冒险，付出你们最可贵、最纯真、最无畏的热情——那种将来会慢慢被专业经验磨灭的热情。

然而作为一名刚毕业的研究生小鲜肉，你没有任何经验，所以对于任何商业抉择，你不得不依赖自己良好的直觉和教育。如果足够幸运的话，通过工作中的学习，你会弥补自己缺乏的经验，战胜不成熟。当然这样的幸运儿不多，你感到不合适了吗？ 以下这些理由说明你也可以选择在工作几年后再创业。

- **没人带你。**作为一名早期创业者的不利因素是，你的职业生涯成长期没有导师或者类似角色的人带你。作为创业者，你就是自己的老板，没人告诉你要做什么。你会从生意往来的客户中学习到必要的知识，也能从向你汇报的下属身上学到同样宝贵的内容。
- **白发的好处。**数年的职业工作经历使你在某个领域建立起声望，并在你开始创业的时候，声望成为积极的力量。此外，你有与真实客户打交道、使用真实技术的实际市场经验。当你发现一个创业机遇的时候，你在自己的领域里已经是一名经验丰富的老兵了。
- **良好的后备方案。**如果刚毕业就创业，一旦失败，等于你没有旧业可以回归。

你不得不真正地重新开始。而在后期创业，一旦失败，至少有 2 个选择，要么退休，要么回到之前的职业。

- **当账户有钱的时候，再开始创业将更有乐趣。**最终在职业生涯的后半程，你又会享受到大学时代的灵活性。你会到达那个时刻，那时你的儿女们都已经独立，而你也不必为生计操心，可以再一次为了自己的事业付出每周至少 40 小时的时间了。

我们应该尽自己所能把创业规划成自己毕生 50 年事业的一部分，但生活往往成为其中的障碍。如果你在纷繁的生活中或特定的场合得到创业灵感与机遇，不要去反抗创业的欲望。充分利用这个机遇，这样做可能有违直觉，但值得一做:如果你刚刚被解雇，那就发誓不要再为其他人干了，自己干；如果你在读研究生时，发明了一项伟大的技术，那就下定决心把它商业化，不用太在意父母的干涉；如果你正处于中年危机而急需一场戏剧性的变革，那就放心大胆地去成立一家公司吧，无论成败与否，都值得!

魔法事业公司就是由五名不知道除了创业还能干啥的小伙子合伙创办的。他们既没有特别的技术，也没有产品的概念；还刚好处于经济最糟糕的时候选择了创业。你的时机不会比我们遇到的更糟糕了!

职业规划

科技创业者来自各种教育背景和研究领域，其与普遍人群在研究领域与所受教育程度的比较详见图 1—1 和图 1—2。既然你的教育经历不一定决定你创业的职业身份，那么一个大问题来了，什么决定了你的职业身份呢？当你的第一家创业公司退出后（无论成功退出还是以失败告终），你将如何向你未来的潜在雇主介绍自己呢?

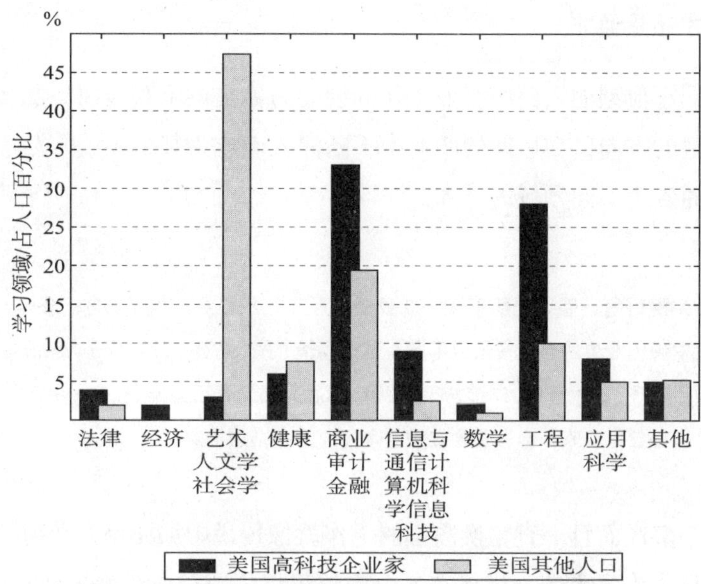

图 2—1　美国科技创业者与普通人群的研究领域比较

资料来源：Vivek Wadhwa, Richard Freeman, and Ben Rissing, *Education and Tech Entrepreneurship*, Kauffman Foundation Technical Report, Kansas City, MO, 2008,http://www.kauffman.org, and the 2002 Census, U.S. Bureau of the Census, Washington, DC.

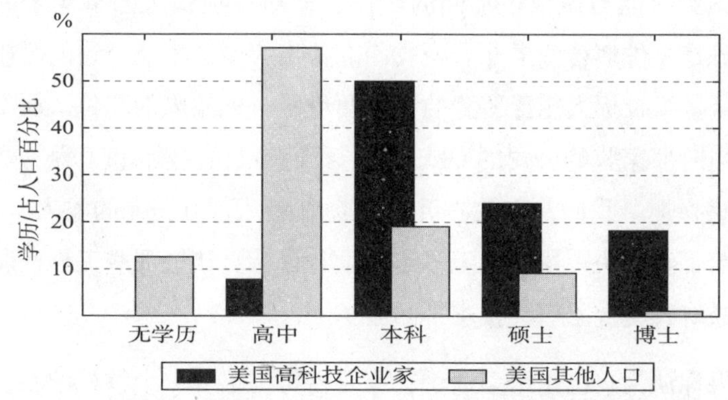

图 2—2　美国科技创业者与普通人群的学历对比

资料来源：Vivek Wadhwa, Richard Freeman, and Ben Rissing, *Education and Tech Entrepreneurship*, Kauffman Foundation Technical Report, Kansas City, MO, 2008, http://www.kauffman.org, and the 2002 Census, U.S. Bureau of the Census, Washington, DC.

专才还是通才

不同于典型的入门级企业工作，创业为你提供了双选项。要么延续你在学校里的方向，在后期的职业中不断深入而成为某个领域的专才；要么成为精通各个不同领域的通才。

- **业余爱好者，假装无所不知。**就我个人而言，我最终成为了通才。多年来，我发现创业中的自己在做以下所有这些事情（按顺序）：日常管理、开拓业务、项目管理、技术管理、制造、产品营销，然后又回到开拓业务。在公司早期阶段，什么都要自己来，你有机会接触整个商业的各个层面。

这个多产而且一直轮换岗位的工作就像传说中那样令人激动，但它也很容易让人失去方向，最终在各个岗位仅仅停留在业余水平而止步不前。创业者往往缺乏榜样和各个职能部门的专家，因为那些高水平的专家总是薪水高昂。因此，年轻的创业者没有对象可以学习。身兼多重职位，也没时间进行系统地学习，所以他的专业水平会停留在较浅层面。

意识到有能力做很多不同的职位，但对一项长久的事业来说仍然不够，这可是一件痛苦的事儿。当我们准备出售魔法事业公司的时候，曾经有一位重量级投标人想保留我的另外两位联合创始人的职位，而不想保留我的。当时那家收购公司的 CEO 说："我们对负责技术和工程的两位科技创始人感兴趣。我们并不关心贝恩德获取的几百万美元的收入。"这个言辞无疑给了我当头一棒。由于多年来没有再认真接触那些工程，所以工程职业已经对我关上了门，很难再回去了。

如果你认为自己是个多面手，那要再努力培养一个领域的专长。这将在你创业生涯之后发挥极大的帮助。当一切都结束时，你会告诉你未来的雇主你能做这些是因为通过创业收获了巨大的经验，包括了解了初创公司的各种重要职能。而同时，你又是某一个特定领域里最具经验、最具技能的人。无论你的职业领域和教育背景是否一致，都没关系，只要你对本职业是充满激情的，并且擅长做就好。

- **疯狂的科学家，假装超越所有平庸的人。**执行很多不同的角色，串联的或平行的，不是每个人都能做的。很多创始人有意识或无意识地选择某些他更擅长的职位，比如技术、商业或其他职位。科技公司创始人可以让一名专才练就一身看家本领，对将来的创业后生涯无疑是有帮助的。

另一方面，专业型创始人如果没有利用他的创业经历横向扩大视野，那就失去了将来戏剧性职业跳转的机会。永远做一名工程师并不是坏事，不过再到下一家公司，一名专业人才也是成不了 CEO 的。

作为一名专才，你最好最大限度地提高你的创业经验和市场化能力，尽可能去参加你专业以外的活动。你要积极参与决策，参加董事会，通过讲演和出版制造公众形象或成为值得 CEO 信赖的商业决策伙伴，千万不要让自己成为除了技术和科学什么都不过问的隐士。

当到了寻找一个新的创业后职业机会时，你明确想要一个属于你的专业职位。同时，你应该表现出你知道创业公司是怎么做的，你知道为达成一个商业目的他们需要什么。

职业基础工作

在大多数行业，一个人的第一个十年往往会奠定他快乐的中产阶级生涯、多产的职业和退休的基础，律师为成为合伙人而奋斗数年，学者为赢得资历而奋斗，银行投资人为赚够足以退休的钱而努力。

作为一名创业者，你必须在这些年构建起自己的规则和成功指标。你需要努力地工作，而不是空想在 30 岁前成为富翁。如果你指望后者，你会陷自己于破产或严重的中年危机中，或两种不幸都会发生。

创业是个人的选择，无关性别、种族、民族、行业和教育背景。先选择你的领域，然后再决定是选择一个正常的职业，还是自己创业。如果你选择的是不喜欢的领域，那即便自己当老板，也无法弥补激情的不足。如果选择的是让自己很有激情的领域，那热情会让你做自己的老板，并感到非常愉快。图 1—3 是麻省理工校友创建的公司所属的领域。

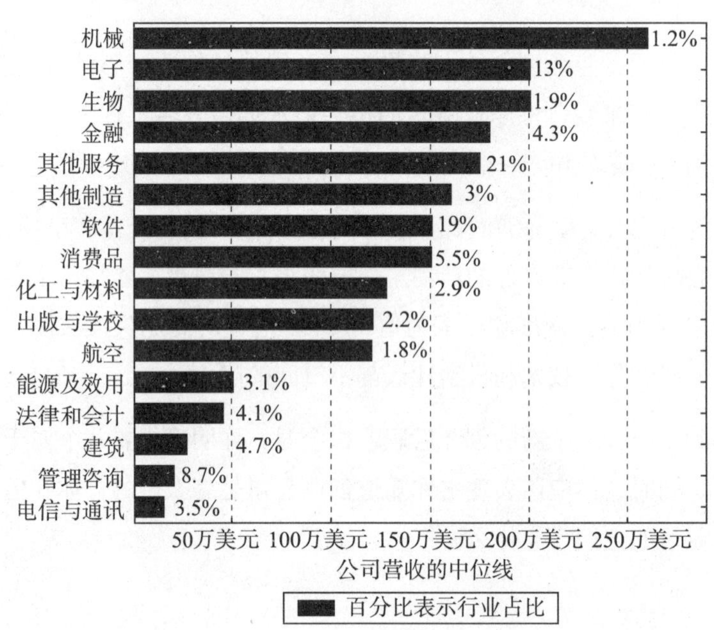

图 1—3 按公司营收中位线及行业占比排列的由麻省理工学院校友创办的公司

资料来源：From Edward B. Roberts and Charles E. Eesley, "Entrepreneurial Impact: The Role of MIT—An Updated Report," *Foundations and Trends in Entrepreneurship*, vol. 7, no. 1–2(2011): p. 35, Table 2.8. Published with permission of Edward B. Roberts.

你的首家公司可能需要几个月到几十年的时间才会成熟。如果你的公司碰巧仅花费很短时间就成熟了，那么你所做的基本上与下一个职业努力方向不相干。而如果，你的第一份工作花了很多年时间，那么你是如何花费这些时间的，在这段时间内积累起怎样的声望对你未来的前景会有很大影响。反思这个早期过程，时间流逝得远比我们想象的快，什么样的时好时坏的短期冒险会转变成一项长期的事业，时间会比我们更早知道。

金钱、不确定性，什么是真正重要的

企业家经常被当作典型的金融投机者。19 世纪的铁路大亨、20 世纪早期的石油大亨以及过去 30 年间起家的科技创业者，他们都积累了巨量的财富。范德比尔特（ 美国资本家，从事船运业和铁路建筑等）、洛克菲勒（石油大亨）、比尔·盖茨都被认为是他们所处时代最富有的人。如今，在美国 100 位最富有的人中，55 位是创业者。

不幸的是，这些获得巨量财富的成功者，其占所有创业者的比例是相当小的。事实是，只有很小一部分初创企业为他们的创始人带来了回报。然而，大众并不想听到有人说成功是小概率事件，也没人想听失败者的故事，除非那些失败是非常可笑的，或值得借鉴的、能直接挽回经济损失的。

所以，当媒体在大肆报道巨大的创业成功时，实际情况是全美有 15% 初创公司在第一年就关门了，40% 的初创公司没能挺过 5 年。从创业者的角度看来，经济方面的权衡是一个颇有争议的问题，是选择高风险的创业生涯还是选择更为保守的职员生涯需要深思熟虑。

生活就是冒险，不是吗

就像科技创业者巨大的经济成功被夸大了一样，其实经济风险也同样被夸大了。经历一次公司的死亡就像失去亲人一样痛苦。其实，对于创始人而言，感情上经历的痛苦才是巨大的，而经济上的困境并没有那么显著。要知道，高科技企业家经济上的抗压能力惊人地强大。

首先，在今天的高科技企业中，工资和福利待遇趋向接近市场水平，是因为他们需要吸引优秀的人才。如果创业失败，创始人丢了饭碗，不过就是和公司其他人失业是一样的。被解雇去找份新工作，在科技公司是极其正常的事，即使雇主是大型企业，这种现象也是正常的。除非创始人抵押他的房产（你千万别这样做），否则他并没有比大公司裁员的受害者损失更多。

那么为什么创业看起来像个危险的职业选择呢？因为从大数法则上看，并非所有创业者能从创业过程中受益。高科技企业的创始人通常抱有很高的期望值。从平均数而言，创始人确实能赚钱。不幸的是，赚钱的数量差异巨大：大部分创始人并没有赚大钱，但有些人确实做得非常好，所以平均是赚钱的。

风险投资人通过投资很多企业而降低投资风险。他们投资的大多数公司会失败，而只有少数公司能赚大钱。而创业者正相反，他们把所有的鸡蛋都放在了一个篮子里。创业者只能专注自己的那支潜力股，而无法分散风险。所以，创业其实是违背最重要的投资组合理论的。

看看初创公司的内部运作和日常工作，我们会发现存在一个基本而且不幸的问题。在大型公司里，大量重复的状况和行动会在短时间内完成。IBM 同一时间能发生成千上万次交易，他们中有一些成功了，而另一些则失败了。然而，在每个财政结算期结束的时候，所有交易的平均值是盈利的，IBM 是这样，宝洁这样的大公司也是这样。而创业小公司正相反，他们只能集中精力做为数不多的生意。如果交易不能产生盈利，整个公司的生计就会立刻陷入危险中。这个难题是大多数创业公司都会面临的：雇用员工、管理员工、开发产品、选择策略。对于创业公司，只有少数几次机会可以去选择，如果选错了，公司很可能就倒闭了。

风险投资公司会给自己的投资留有余地。他们接受出资人的资金，投资一些商业计划或弥补过去及将来可能的损失。这笔投资为创业者带来几个月或几年的资金，但不管这轮估值有多高，创业者的风险投资迟早会用完。

有资金的时候看上去是个成功的故事，但一旦失血，就像是个失败案例；顺序倒过来也是有可能的，从一个失败案例到成功的故事，但这种情况的概率更小。无论你称为风险也好、不确定性也罢，作为一名企业家，你将会面临一个不确定的、高度不稳定的未来。你必须能够处理不确定、暂时的失败和挫折，尽管你的未来可能一片光明，但具体发展仍然是完全未知的，成功可能需要很长的时间来实现。

沉浸在创业魅力中

在经济意外发生前，或者根本没有经济问题时，还是有很多理由为你创建的公司感到骄傲的。大部分理由与你的个人财政支出无关。为保护你个人的心智健康及专业上的多产，你应该尽早花时间去思考真正该关心的事情，以及什么代表你将来事业的成功。是为你的员工创造持久的就业机会？ 把技术商业化？帮助塑造一个新的产业？还是发明新的商业模式？如果它们奏效了，那将是很伟大的；如果它们失败了，也能给你带来启发。

作为公司创始人，你更有机会在职业生涯的早期，以更强大的方式去影响世界，而作为公司雇员则没有。你必须训练自己认识到这些瞬间的影响力，那些由你已经做或即将获得的成就带来的影响力。这些回忆远比财富更重要，且有可能是你努力创业唯一能带走的东西。如果你的创业没有给你带来巨大的回报，不要失望。你肯定创造了价值，你必须努力去认识和庆祝这个价值。

我们公司所在的射频识别行业就充满了这样的公司，他们并没有发挥我们认为本该有的潜力。在过去十几年里创建的大多数射频识别公司要么破产，要么以低廉的价格出售了，或者徘徊等待更好的时机。尽管在经济上未能成功，但我们认可这些创始人做出的贡献，他们是我们行业里最值得尊敬的英雄。然而，正如我说的，他们不得不为了企业生存而工作。他们已经创建了属于自己的品牌，无论这些品牌有没有最终给他们带来财富。

什么时候适可而止

创业者是不轻言放弃的。骨子里的倔强帮助年轻创业者战胜暴风雨，并走向商业成功。精神值得钦佩，但经历了船长和全体船员英雄般地共同努力之后，有些船还是不可避免地下沉。有个问题抛给了船长："什么时候应该适可而止？什么时候需要放弃，并挽救大家的生计？"

自觉或不自觉地，我们中的大多数人对有尊严的生活方式都有个最小需求清单，这个清单中的有些内容可能不现实、根本无法实现。剩下的少数人已经学会接受我们不能拥有一切这个事实，而更重视生活中其他更重要的东西。

在开始不确定的职业道路（比如创业）之前，先列好自己的最低生活需求清单。在任何努力创业的阶段，对照以下清单，确认自己能接受的最低生活需求是否获得了满足。答案肯定的话，创业并没有夺走你的生活。如果列表上的需求都牺牲给了公司，那是时候开始考虑改变职业方向了。

最重要的是，当创业者的家庭生活正遭受创业现实的苦难时，应当优先考虑家庭的幸福。许多家庭破裂是因为创业者优先考虑公司的未来，而忽视了家庭的需求。发生这种事是最不幸的，不仅对家庭，对公司来说也是。一旦家庭里一个关键的贡献者经历了重大的动荡，创业公司能存活下来的概率会小很多。所以，要尽量避免以下最坏的结局：公司没了，家也毁了！

无论你有没有最终达成事业目标，创业那些年付出的追求过程都不会回来了。但你回顾你的二十几岁、三十几岁，或任何一个生命中的十年，你要有能力说你维系了一个幸福的生活方式，给自己和家人的清单上保证过起码的愉快事物。当你的目标风险越大，你就越要严格遵守这个退出清单。通常来讲，企业家不会经历所谓的没有尝试的遗憾。他需要确保的是不能过分地坚持。

创业者很容易陷入一个“再给我一年时间，一切都会好转”的心态。如果之前事情没有发生转变，境况可能就会在这一年发生好转，但现实是这样的概率很小。然而，你和你的家人在这一年又老了一岁，可能你与他们更疏远了。

在另一方面，几乎总有一条创业道路可以前行。即使公司申请破产，你也可以把他挽救回来。破产法就是派这个用场的。如果公司完全属于一个投资者群体，通常有一种方法让你争取几位投资人回头，仅仅因为对投资人来讲，他们还是希望保有将来能获得盈利的机会。如果原来的产品或创意真的不起作用了，你可以选择作为团队成员留下来，并开启一个新的、不同的商业计划。当然，只有当之前失败的压力并没有破坏整个团队的精神时，这么做才是合理有效的。

你在做出继续坚持或放弃的决定之前，一定要进行合理的分析，而不要被他人的建议左右。也不要见异思迁，看到别的机会就放弃之前的努力，草草重新开始其他商业计划。不能像墙头草那样轻易地退出。如果创业者过于频繁地调整未来方向的话，无疑是将公司置于危险之中。初创公司需要让自己看上去比实际强大，那是吸引员工的方法，给业务伙伴和投资人建立起信心。你对自己公司的问题心知肚明，也不应被其他公司表面的强大唬住。实际上，大多数情况下，他们也和你一样在对付一大堆问题，有的甚至比你还要糟糕。

THE TECH ENTREPRENEUR'S SURVIVAL GUIDE

不要忽视愿景和远见：这是你的生活！

第 1 课

在一个人职业生涯的任何阶段，都是适合创业的。不过，关于刚刚大学或研究生毕业就创业还是有很多说法的。

第 3 课

不要为了钱而创业。而是，仔细考虑什么样的成功对你最重要，包括创建一个系统的乐趣、为员工创造就业机会、用风险投资创造不凡的影响力。确信你对自己创建的公司充满热情，不论财务状况怎样。

第 2 课

在职业生涯的早年创业是对自己职业定义的重要举动。它具有很多意义，但也关上了其他职业选择的大门。建立你自己的事业，并严格地练就自己的专长，即使在创业失败的时候，这些经验仍然会派到用场。

第 4 课

为自己的生活列一个底线清单。当你开始为了事业而放弃清单上的需求时，是时候考虑换一个职业了。

02 启动资产

如果船长的最高目标是保卫他的船，那这艘船永远驶不出港口。

托马斯·阿奎那（Thomas Aquinas，1225–1274）

我于研究生毕业后评估了各项工作选择，发现自己创办一家科技公司是最佳的方向。努力经营自己的公司，使之走向成功比帮助其他人致富更酷。即使不幸把自己的公司搞砸，也比跟着别人失败好。所以无论从哪方面看，做一个创始人都是最佳的选择。

既然创建一家高科技公司如此伟大，为什么不是每个工程师或拥有技术背景的工商管理硕士都去创业呢？创业伊始，你该准备些什么让公司起步，并让公司拥有能够生存下去的战斗力呢？什么启动资产最合适指引你通向成功之路呢？

启动资产的范畴包含从早期客户到软件继承的专利，及其他知识产权保护形式，这些是本章节的重点。由于人员和团队因素相当重要，所以单独安排在第 4 章重点讨论团队建设。

想法

公众沉迷于那些把睿智想法变成伟大公司的故事，这正是美国梦的一部分：天才一旦顿悟，下一刻就成为富翁。然而事实上，想法本身从来就不会孤立地成为公司成功的理由。那些有关革命性商业想法的故事其实都是典型的事后诸葛亮。

当然，一个有吸引力的想法对激发联合创始人、早期贡献者和投资人的热情大有帮助。创意想法好比一张入场券，允许你进入商业大冒险之旅。因此，确保你的想法合理可行直到通过第一轮风险投资审议。回答以下几个简单的问题来审查你的想法。如果能健康地通过审查，那基本不会被潜在的合伙人、顾问或投资人在第一轮会谈中踢出去。

- **仅仅是很酷，还是真的有市场？**有一个巨大的潜力市场通常是好事，但不是每个点子都具备这样的优势。如果整体市场规模只有 1 000 万美元，无论如何你也无法创造出 1 个亿的生意。几千万的市场规模是不会引起任何人兴趣的。当然，亿级美元市场往往竞争激烈，准入门槛很高，别的竞争创业者业早已挤破了头，投资者的考察也会更为严苛。所以一个好的小型利基市场可能是创业者的最佳选择方向，前景更为广阔。
- **是否有机会获取客户，哪怕只有一点点机会？**即使市场是确凿存在的，但不意味着市场就是你的。高科技企业容易破冰，花较小的营销预算就可以得到早期客户，数量不多，集中在一个领域，获取早期客户不需要精心去开发渠道。科技型企业家往往会低估与客户群之间的社交应酬，这件事不是你们擅长的专业技能，它确实是件非常难搞的事。
- **多少年后产品才能得到广泛采用？**假设你已经合理地拜访过客户，那么客户需要等多久才能获得你的产品？做一个诚恳而现实的估算，然后乘以 5 或 10。你不可能高估需要花费的时间，因为你正在为目标客户开发一项伟大的技术。
- **它是带来快乐，还是缓解痛苦，抑或是带来更多的痛苦？**消费者购买产品要么为了获取快乐或便利，要么为了减轻痛苦。我个人认为，后者的动机比前者更强。你听说过有人因为太贵而不买止疼药吗？当深陷痛苦时，人们会想尽一切办法去缓解痛苦。

- **为何是我？** 你的商业概念是否符合自己的个人专长，或团队强项？去追求一个没有能力实现的想法没有意义。确信你知道一个或两个原因，证实你是创办这家公司的最佳人选。
- **当下是最佳时机吗？** 如果你的想法太超前，也有问题。举个例子，如果采用的技术尚未成熟会过于昂贵，你会耗费很长的时间等到技术成熟。另一方面，太迟也不行，别人可能早已做成或者一项新技术出现会使得你的技术很快过时。

在麻省理工学院媒体实验室，我们曾经开玩笑地说过初始想法与演示版产品通常有 10 年的回收时间表。十年时间对于一家公司的投资人或媒体来说足够长了，足以忘却当时的激情，转而追随新想法去了。不幸的是，在商业世界里，实施一个好想法通常最多只有一个好的时机。你必须击中那一刻，为自己的商业想法赢取机会。

我们中的许多人感觉自己没有足够的想法，而身边其他人看似充满了想象力和创造力。其实保持良好的态度，你就可以系统地创造好的想法。然而，如果你缺乏纪律性和持久力去仔细构建并执行商业概念的话，那么即使有再多的灵感也是徒劳。要不断地细化创新点，真正提升创新想法的质量直至它系统化地成为好的、可行的商业计划。

早期客户

对于一个由工程师主导的全新商业冒险来说，没有什么挑战要难于确保客户群基础了。如果我们把它开发出来，客户会来的，相信这样想的技术型专家并不在少数。

因为客户获取是件风险颇大的事，所以在事业开始阶段，愿意排队买单的客户越多越好。如果一位客户给你开了张支票,这就是最有力的证据，证明你的商业模式可行。公司的关键利益相关者会明白这点。如果能在早期阶段展现出赢利能力，那面对偏执的投资者、胆怯的员工或咄咄逼人的董事会时，你会轻松很多。当你开始认真对待自己的业务时，尝试以下策略来获取客户。

聘请现实的研究赞助商

赞助商常常为此抓狂：他们倾注了相当大的资金给大学做研究，却发现把研究成果或已花钱买下的知识产权转换成商业产品还是颇费周折。大学擅长做研究，把技术转化成产品原型或概念级别的产品；但是他们不擅长设计符合实际市场导向和工程规范的产品。

这里是你近期或即将要毕业的地方。你知道大学实验室里正在研发的技术，而且你对迎合赞助商的需求也有了不错的想法。那么你该找赞助商好好谈谈，甚至在你离校之前就可以这么做。前提是确保你的产品知识产权的所有权是以某种方式共享的，即由大学、你的新公司和赞助商共享。

帮助利基客户

大型公司客户有时并不满足于他们所得到的定制化产品。相对于吸引一个亿级美元投资的利基市场来说，他们需要的特定的产品、服务和功能就显得过多了。然而，对你的大客户来说微不足道的东西，对你的公司而言却可能足够有吸引力了。

当你辞退工作，然后找到机会创办自己的公司时，请注意保密性和非竞争性事宜。

拾起废旧产品

当企业离开原本的业务，改变策略或停止生产线之后，原来的标准客户等于被企业抛弃了。此时你带着你公司的产品介入，通过帮助这些客户而成为受益者。为了让这样的好事发生，你可以:（1）授权已中止的技术;（2）为中止的技术提供支持，或者（3）提供服务或产品以避免由已安装的过时产品而造成的大量报废。在以上这些情况下，原来的技术供应商非常欢迎你的帮助，帮助他们挽回声誉及帮助他们的客户渡过难关。

带走客户

在某些特定行业里，客户与技术员之间的关系远比客户与公司之间的关系更好。举个例子，如果你的公司是提供软件服务的，你已经和特定的客户之间建立起了专业信任，那么即使你跳槽，原来的客户仍然希望继续与你合作。这在律师和会计行业中尤为典型。然而在高科技行业中，这种转换比较难发生，鉴于知识产权和保密性协议，以及非竞争性协议，使得你很难与前雇主竞争。

众筹

众筹已经成为一项集资开发消费品技术的流行方式。除了筹集资金，众筹还可以帮助你获得真正想买你产品的消费者支持，而且他们已经拿出实际行动来支持你了（参见第 4 章“众筹”那一节）。

专利及进攻性 IP 战略

进攻性知识产权战略是为专利权人建立垄断地位的一套最佳战略。任何想要制造、销售或者使用专利保护发明的人，都需要与专利持有人合作或获得许可。在生物技术和制药行业，这些垄断的情况确实很普遍。新药品在诞生伊始，专利即同时生效，能够安全地保护新药，避免在整个专利保护生命期内发生竞争战。

然而，在高科技领域，情况更为复杂。新产品往往是多项技术的组合产物，所以更依赖于多项专利。事实上，再好的科技公司也无法控制一个产品或发明的所有专利权。对那些符合工业标准的新产品来说，这是一个特别的真理。从图 2—1 中，我们可以看到，麻省理工校友成立的公司所持一项或多项专利的百分比。

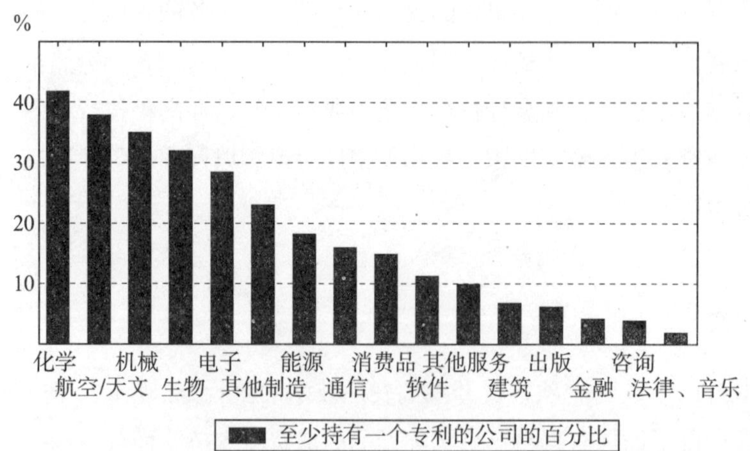

图 2—1　麻省理工学院校友企业持有一项或多项专利的百分比

资料来源：From Edward B. Roberts and Charles E. Eesley, "Entrepreneurial Impact: The Role of MIT—an Updated Report," *Foundations and Trends in Entrepreneurship*, vol. 7, no. 1–2 (2011): 1–149, p. 40, Figure 2.11. Published with permission of Edward B. Roberts.

通常高科技公司之间并非通过专利胁迫彼此退出，而是彼此授权合作，以期产生切实可行的产品。个人专利作为一项重要的议价砝码在各种外显或内隐知识产权谈判中起到作用，而不是向竞争对手关闭大门。行业参与者悄然默许其他专利人的存在，而起诉他们对任何人来说都不是最佳利益选择。

在无线射频识别行业，我们曾多次被个人或公司专利持有人起诉，他们试图独霸此行业的知识产权。这些敌对的行为对整个行业造成了严重破坏，甚至直接导致整个射频识别行业零售供应链变得不景气。只有当专利持有人表现出一定的克制，设置合理条件，收取合理授权费用时，射频识别行业的专利货币化运作才会真正起效。

初创公司高管和个人发明者总爱抱怨专利制度的不公平：比如很难保护小公司不受大鳄专利执法的威胁；又或昂贵的专利申请费让小公司难以负担。毫无疑问，专利申请劳命伤财，既费时又费钱。其实，专利系统还是提供了很多自由度去实现专利策略的。规则允许有效的知识产权保护程序，而且不只是500强那样的公司才支付得起费用。作为小公司的技术专家，你需要利用这些策略来最大限度地保护自己的竞争力，并防御竞争对手的敌对行为。

专利延续的魔法

实用新型专利是最常用的专利类别，这类专利指发明一种新方法、机器、设备、工艺或化学复合物。实用新型专利由两个主要元素组成：1.发明物的种类描述；2.发明者的具体索赔申明。对于“种类描述”只有少量正式要求，但“索赔申明”是被限制在一定范围内的。一个“种类”可以包含多项发明,但一个“索赔”是对应其中一项具体发明的。一旦一个“种类”被专利局备案,那么这个“种类”下所有的实用新型专利对应的多套“索赔申明”也会相应备案。所有这些索赔可以按日期优先权排序，只要这条优先权链条未遭破坏。

如果满足某些条件，可以在种类描述备案多年以后，提出新的专利申请，同时申明原始优先级日期。在实际操作的时候，直至正式的专利文件发布前，发明者都有机会修改已提交的索赔申明。此外，发明者可以申请专利延续：获得新的备案号和一套新的索赔申明，但他们使用相同的描述和早期的申明文件。这个新的文件基本上开启了一个新的线程，反过来又可以是另一新延续的基础。

总之，专利法允许任意数量的专利保护，而价格仅比申请一个要贵一点点。备案费和维护费需要视每一种新的情况而定。只需要花较少的时间就能起草一套新的专利申明法律文件，尤其在聪明的发明者给予清晰的方向指导下。下面列出的所有策略是一些专利延续方法的的指导性原则。①

临时专利：适合穷人的快速且廉价的知识产权保护

假设你已将所有的资金花费在关键技术研发与开发产品原型上。当新产品最终成型时，你急于想给潜在投资人及客户展现你的宝贝，而此时你既没有财力也没有时间通过实用新型专利来保护新产品。那该怎么办?

申请临时专利是此时的最佳选择。此时你需要提交的材料没有那么多正式的格式限制。所以你可以整理一下之前的材料——有关技术方面的文件，包括手册、测试结果、实验结果报告、设计文件、设计人员和 PPT 演示文件。文件越细致越好，所提交的材料应当集中在技术层面，而非商业计划！ 目标是提供足够多的信息让技术人员可以不费力地现场实现本

① 部分延续是专利延续的变种，包括原始描述和一些附加材料。因此个人索赔的优先权日期就要看是依赖早先的描述还是后来提供的材料。

发明。这项申请不需要花费多少时间，也不需要昂贵的律师费，备案费相对来说比较少。

一旦你申请了临时专利，有权在 12 个月内提交更为细致的材料申请实用新型专利。如此，你的实用新型专利索赔申明将具有较早的时间优先权。任何发明只要在临时专利中提及或提供过足够多的详细说明，就是保留了可授予实用新型专利的权利，只要该实用新型专利是基于这个已经被专利局审查过的临时专利的。

厨房水槽式的专利：不华丽，但实用

专利法限制了一个专利中的索赔数量，但在相同种类中，并没有限制专利申请的数量。任何一项由专利描述支持的发明都可以申请。作为资金短缺的初创者，可以利用这一规则起草一份类似厨房水槽这样包围式的专利申请：提供一份尽量全面的描述，包含任何你可能在将来添加的技术发明和商务活动。以此来提交一份庞大的描述及第一套索赔申明。

随着业务推进，你会慢慢认识到什么是重要的，而那时已有些资金回馈，可以考虑继续追加申请，逐步建立起一个专利系统，覆盖重要涉及领域中的重要发明。只要这些发明在最初的厨房水槽申请描述中有所提及，都可以享受原来的时间优先权。当然，也要牢记，放弃那些你最终不会发布到公众领域的发明的索赔申明权利。

潜水艇式专利：如果出于好的原因，道义上可以接受吗

“潜水艇专利条款”因为带有不好的内涵而常被视为专利流氓。这在过去被用来表达某项专利在专利局冗长的审查时间，往往不是 10 年也是数年。专利拥有者只能当有人侵权时，才能让专利发布。潜水艇专利也常表达专利拥有者起初没有强制执行专利保护，而直到第三方已经基于侵权

技术建立起庞大的业务往来时，专利拥有者才跳出索要巨额特许费和处罚，因为此时的侵权方已有财力支付赔偿。实际上，这些事情基本上是在减少，因为专利局改变了授予专利的条款：从发生争论起 17 年，改为从备案起 20 年。

保护自己免受专利流氓伤害，对于小公司和大型科技公司来说一样困难。因为你拥有的专利无法保护你免受他们伤害。然而，你可以利用自己的潜水艇专利作为防御工具对付职业专利权人。

让专利局为你工作

由于早期缺乏运营资金聘请知识产权律师，所以要起草一份覆盖范围广泛的描述与申明是相当有难度的，况且还要避开先前有的专利。幸运的是，专利局审查员会为你指出哪些需要避开，只要你提供他们足够详尽的描述和索赔申明材料。你有义务披露所有先前你知道的专利，这是整个过程中的一个组成部分，也是另一场发明人与专利局之间的漫长的谈判工作。

专利局的第一个官方行动是告诉你哪些申明可以通过，哪些需要辩论，哪些根本没机会。有时与专利审查员辩论反而是最经济的做法，这好过你事先做太多的功课。

另外，快速检索现有的专利备案，它们可作为参考帮助你起草自己的索赔申明，同时增加审查员通过的概率。且现有的专利技术检索价格相对低廉。

专利权保护的负担

和专利所有权同样伟大的是，它也会成为技术风险负担。这又是为什么呢？

- **知识产权执法可能是致命的，无论你是哪一方。**对小型公司来说，对竞争对手进行专利强制执法可能是致命的。因为诉讼成本和时间代价是如此巨大，足以毁掉起诉的公司，而不是帮助他赢得正义的胜利。
- **剥橘子不止一种方法。**专利拥有者倾向认为自己找到了解决特定问题的唯一方法，然而实际情况是往往不止一种产品、过程、服务可以解决这个特定问题。不要自欺欺人地认为，你的竞争对手不会找到替代方案。
- **专利费迅速上升。**从申请到通过审查，到备案成功，都需要付出昂贵的费用。此外，专利发表后，仍然需要支付专利局维护费，以保持专利持续起效。这些费用分开看都不算贵，但累计起来对于一家小公司来说就是天价。
- **不要困在自己的专利盒子里。**围绕一个专利或一套专利制约，去构建你的商业计划。如果你刚刚花了宝贵的资产和现金在专利上，那肯定想看到这些专利的回报。然而，商业机会却可能在其他地方。你必须去那些可以赚钱的地方，而不是死抱着已经申请专利的技术。

小型科技公司从自己拥有的狭窄技术角度看世界，可能存在成为井底之蛙的风险。他们希望很快实施自己的发明，而不是真正去探寻客户的需求或新兴市场的发展。尽管企业把精力集中在自己的竞争优势上，尤其是某种特定的技术上没错,但集中精力探讨商业议程也同样重要。不要忘了，再伟大的技术如果无人问津还是一场空。

当你只制定出启动策略，肯定会按照计划继续前进，无论是否有专利保护的理念。即使你一开始没有专利，也会有新的提高业务和产品组合的发明。如果一开始没有资金保护你的发明，即开展业务，你也可以在以后知道什么才是真正重要的技术的时候，再有针对性地申请专利。

防御型 IP 策略

许多高科技企业遭受的第一次创业打击就是，发现别人已经申请了专利，而此项技术对自己的商业大计来讲恰是至关重要的。其实大可不必担忧，因为此刻尚不明确，发现的这个专利是否真的和创业者的产品有关，它有效吗，它是否真的重要。可以明确的仅仅是创业团队的热情可能会被第三方申请的专利打击一下，仅此而已。

我给这些幻想破灭的科技企业家的建议是：认真对待其他人的知识产权专利，但不要仅仅因为专利的出现而停止自己追求的商业计划。如果你的冒险没有成功或只是适度成功，没人会真正在意，没有专利权人会浪费这个钱在你并没没获得什么的时候起诉你。另一方面，如果你的事业得到广泛成功，你肯定会有办法保护自己，或者支付许可费。

也就是说，有很多方法保护自己不受贪婪的知识产权人侵略。更重要的是，放手挑战现有的专利吧，通常总能发明更好的捕鼠利器！

标准与专利执法

专利法及其执行在近期有所调整，更倾向于推动鼓励专利权人与他人展开合作或相互授权，而不是诉诸法律。对专利侵权人很少发停止和终止命令了。相反，法院更乐于安排有利于许可和交叉许可的行业参与者之间的会面，特别是如果有以下任何适用：当知识产权冲突发生在已经建立或运作良好的行业里，并得益于众多供应商的贡献；终端用户或消费者市场已经有效地建立起来；或者该技术已被一个标准设置过程覆盖。

标准当局在他们的宪章里通常包含有关专利和许可的规定。举个例子，所有国际标准化组织（ISO）的标准要求所涉及专利的持有人需同意非歧视性许可并合理地收取许可费。其规则保护了提供符合标准的产品技术供应商。这对小型科技公司来说是个好消息。许可证收费可以是昂贵的，但它首先能确保击败科技巨人的诉讼。

专利池

渐渐地，专利越来越丰富的行业开始组建自己的专利池。多项专利权持有人认为，有必要建立一个特定的行业标准。专利池的持牌人获得池内的所有权利，并免受池内所有参与者的诉讼。从经济上而言，所有人都受益了。被许可人仅需支付合适的费用就能获得多位专利权人持有的多项专利。许可人仅支付很少的管理费即能从被许可人支付的专利费中盈利。作为一个附加的额外好处，专利池的建立为这个特定行业制定了相应的许可费率基准，这有助于帮助解决该行业专利池外的专利纠纷。

反垄断法要求专利池要向任何申请者发放许可证。这样就许可那些没有太多自己专利的小公司也可以加入专利池。初创公司则可以保护自己不受专利权人的敌对诉讼，而且他们所需要支付的专利池费用也不是很高。

大学许可计划

大学喜欢促成他们的知识产权成为商业化许可，尤其当这些发明人亲自运行业务时。根据大多数大学许可计划，这些热情但资金匮乏的企业家通过“不动用现金条款”被赋予专利权。不动用现金,当然不意味着免费。大学一般会提出以下的许可交换条件。

- **股权。**如果大学在企业中的角色是相当被动的，那么大学要求个位数的低百分比股权还是合理的。有时，一个研究机构可以拆分一些技术到商业实体中，其角色接近创始人或投资者。这样，股权补偿的比例自然更高些。
- **特许权使用费。**专利权维护还是有其一定成本的，除非这项技术已成功地投入使用并被销售掉。要远离保证最低使用费！

在你授权你的发明之前，关于许可证确保与你的母校达成协议，你需要解决以下问题。[①]

- **独家或非独家使用。**前者不一定好过后者，但它肯定比后者贵很多。
- **再许可权。**许可人将设法阻止你将知识产权再授权给其他人。根据你的企业规模，这个可能会也可能不会被接受。
- **转让或分配权。**在控制变化的情况下，被收购公司必须能够将许可证分配给收购方。
- **衍生技术的所有权。**许可技术应该是新发明的起点。你需要控制和拥有所有你将要创造发明出来的衍生品。
- **许可证的限制。**为了以后与其他持证人合作，许可方可能会尝试限制你使用技术于（1）特定领域，（2）特定的客户，或（3）特定的地区。别让他们限制你太多！ 你永远不知道你将在哪里结束销售。

当你启动新公司的时候，你需要给许多人留下深刻印象，而那些人并不具备专业知识、时间或资源来真正评价你所持有的许可证和专利权是否有价值。察觉到一个具有很强地位的知识产权能帮你大忙！ 当你制定你的专利战略时，请记住局外人不会同你一样理解你所在行业复杂的知识产权全景。缺乏这种洞察力可能对你不利，也可能会使他们青睐于你，取决于你如何讲述自己的故事。

版权、商业机密和诀窍

专利是律师帮助你来争取的。而商业机密、版权及商业诀窍才真正使科技公司具有活力。即使没有专利，你也可以运作科技公司，但你无法运作没有技术的科技公司。图 2—2 所示的是知识产权在初创非技术公司与

① 在签署任何文件之前，请先向律师咨询。毫无疑问，许可人也会从一队相关亲朋好友处得到帮助。

高科技公司中的统计。

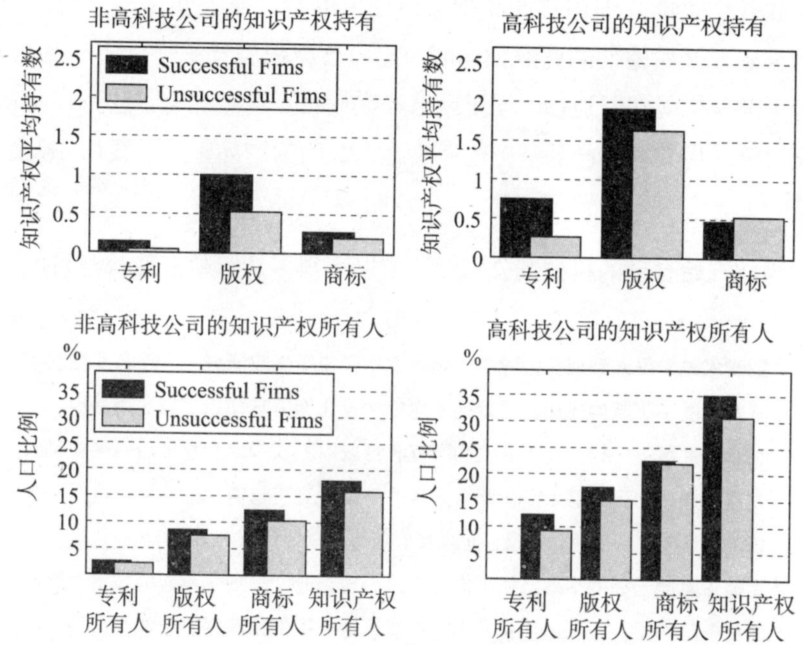

图 2—2 知识产权在初创非技术型公司及初创高科技公司中的统计

注：包括成功的公司（直到 2009 年仍然维持运作，或成功退出）以及不成功的公司（没有存活到 2009 年）。

数据来源：Alicia Robb and E. J. Reedy, *An Overview of the Kauffman Young Firm Survey*, 2004–2009, 2011, http://www.kauffman.org and the Kauffman Firm Survey, 2004–2009, 2011, http://www.kauffman.org/research-and-policy/kauffman-firm-survey.aspx.

版权：说保护这些没有意义

专利保护思想和抽象的发明，而版权保护硬件设计、软件源代码、公式、配方和文件。当你创造出了任何这些类型的产品时，它即在版权保护之下，不管你是不是实际上对其进行了标记或注册。①

① 即使文件的合法性不受版权是否注册的影响，但为你的产品申请版权保护，可以使更容易维护你的权利。

版权保护所涉及的具体技术，往往是立即适用于商业企业的。例如，一份软件许可能立即用在产品中，而抽象的专利需要实用性再设。当谷歌的创始人开始他们的商业公司时，他们已经积极着手进行商务运作了，因为大部分代码在斯坦福大学里就已经完成了。自然地，谷歌一直在改善搜索引擎，但其核心产品基础已经实施，并已为产品正式上线那一天做好准备。

当你开始自己的科技型公司时，有以下很多从版权产品获益的方法。

- **把学术成果投入到现实世界中。**如果你是在校学生或研究生，正在非盈利实验室开发了不起的代码，可以请求你的学校让你将它使用到商业用途中。就和专利许可证一样，技术的机构所有者可以以股权和专利权使用费形式得到收益。如果你真的够幸运，那么大学的基础研究将与商业运作平行进行。尝试确保这些权利生效，要通过正规操作获得大学的许可。
- **受益于其他公司的不幸。**如果你工作的公司正开发一项了不起的技术，但他的商务运作不佳，那这项技术你就可能以很低的价格获得。若你和前同事创办一家科技型公司，你也许可以以这个技术获得相应的股权。希望你和你的团队避免早期运营的错误，再试一次。
- **受益于你兼职努力的成果。**如果你在业余时间开发一些技术，就将为你的初创公司打下基础，你能在最终创办公司的时候已处于启动的准备状态中。毫无疑问，你期望的成就取决于你投入的兼职活动的数量与质量。

当你准备花钱或使用股权购买受版权保护的技术时，请想想你是否真的需要这些特定的技术。代码很容易快速过时，而且受限颇多。由毫无经验的大学生通过黑客技术获取的代码作为你创办商业公司的起点可不是明智之举。只要是受版权保护的作品，你就可以免费自由重组它的概念和功能，确保不要逐字逐句地拷贝就行。

商业秘密：保持安静，但有局限性

根据统一的商业秘密保护法，商业秘密是指“信息，包括公式、模式、编辑、程序、装置、方法、技术及流程，（1）那些有经济价值的独立源，存在实际价值或潜在价值，而且一般人基本上都不知道……或只有少数人知道……以及（2）是努力的主体成果……需要保持其隐秘性。”

如果你没有钱为一项发明申请专利，或者其他人已捷足先登，你称这项发明为商业秘密。商业秘密必须要保密，不像专利那样需要按一个明确的时间表被公布于众，这可以成为一个保护你的专属知识和竞争优势的强大工具。

不幸的是，商业秘密的保护完全取决于他们是否真的被保密了。你需要充分重视以下事项和商业秘密的相关限制，尤其在当今竞争激励的市场中。

- **保密协议（NDAs）被高估。**你公司的员工或任何其他签署过 NDAs 的人是被限制在其他地方使用商业秘密的。可是，这大多是理论上的限制。仅仅有一份 NDAs，不代表你可以将信息从人们的大脑中删除。当你的工程师到新公司工作，他们肯定会继续使用他们所学习到的东西，不论是否属于商业秘密。这就是所谓的经验。尽管法院强制执行 NDAs 来保护公司独特的商业诀窍及商业秘密，但他们一般不会禁止工程师利用自己所学，也不会禁止他们寻找工作。
- **尽管很多人瞧不起反向工程分析，但它是完全合法的。**任何人可以反向分析你的产品，既不违反合同也不违反法律的话，他想怎么分析学习都可以。例如，如果你的产品基于一种特殊的电路和一套电子元件，那么只要拆解你的设备，这些信息随时随地就能被任何人获取。
- **隐藏秘密不是很容易，特别是当你需要卖产品的时候。**你可以尝试隐藏算法，利用二进制软件图像隐藏软件算法。你可以用环氧树脂将电路板覆盖起来。然而，总归会有一天，有心的工程师会通过你出售的产品揭开你试图隐藏的商业秘密。

商业秘密直到你真正使用它的时候才有价值。一旦他们被实施到一个具体的产品上，别人拷贝你的概率会相应变高，特别是当你的事业处于兴旺中时。

商业诀窍：没人可以偷你脑袋里的东西

商业诀窍（know-how）是所有知识产权形式中最难被量化和形式化的资产，但却是最本质的资产。你和你的雇员头脑中的商业诀窍是任何人都拿不走的。无论你的公司的创业技术起点是什么，你都需要商业诀窍来提高、完善和商业化你的技术资产。

诀窍是一家自力更生的科技公司必备的精髓。知道诀窍的人正是投资人愿意投资的对象。如果一个创始团队没有任何诀窍，可能开始就会不顺利。另一方面，如果你们的创始团队拥有能力很强的工程师和科学家，那么客户和投资者将被吸引过来，为你们的专业诀窍投资，使你们可以顺利朝着承诺的开发出伟大产品的道路前行。

依据你和团队知道的如何做到最好的诀窍，来起草你的商业计划。所有其他考虑相比你们的才华与技能简直是小巫见大巫。

THE TECH ENTREPRENEUR'S SURVIVAL GUIDE

为了启程，需要准备什么

第1课

仅有一个点子不足以构建一个成功的商业，但是好点子能帮助你聚集能量，它能吸引注意力，吸引联合创始人、投资人和兴奋的员工。

第2课

重视和培养你的早期客户，并让他们得到满足！没有人比你的早期客户更能帮助初创公司成功了，他们能给你钱并且信任你。

第 3 课

如果你拥有一项好技术的专利权，那你是幸运的，但不要太抱着专利不放。在利用专利保护你的产品之前，你需要首先建立起业务……这都很难，不取决于有没有专利。

第 4 课

不要让别人的专利阻止你开始自己坚信的事业。如果你成功了，你会支付得起特许权使用费和许可费。如果你没有成功，也没有人会在意你。

03

创始人

如从今天直到世界末日，我们将被铭记，我们是少数，
快乐的少数，我们是相依相系的兄弟。
摘自莎士比亚的《亨利五世》（*Henry V*）

组建创始团队，对于一家初创公司来说，将是公司整个生命周期中最重要的决定，它直接影响整个公司的发展和出路。一旦决定，创始团队以后将不能更换。事实上，这个创始团队也是不可替代的。一个优秀的联合创始人团队是克服困境的坚实基础；反之，糟糕的团队，将在首次面临危机时就可能把日常的小摩擦变成噩梦，继而导致失败。

到我们创建魔法事业公司的时候，我们五位联合创始人早已在同一个实验室里相处多年。我们一起做研究工作，一起完成了数不清的项目，我们早已是铁哥们儿。我们曾坚信，既然彼此之间如此熟悉，那定会相处得很好。然而谁都不知道，初创公司的各种压力、不确定性以及生存的焦虑会让彼此熟悉的朋友表现出非常不同的一面，当然这中间也包括我自己。在麻省理工，我们做的是研究生项目以及学术实验室研究，所处的环境都

相当安稳。但在公司就不同，我们每天不得不面对如何生存下去等问题的考验。

联合创始人团队的压力来自很多方面。创始人刚走出校园，一方面还在思索创业本身是否是个正确的职业选择；另外在财务上，不管是个人还是公司，都处于相当不稳定的状态，而且整天面对着一大堆能把经验丰富的高管逼疯的挑战，创始人之间的摩擦也会增加，团队成员间并没有得到什么互相慰藉，尤其是在储备资金紧张的情况下更甚。

面对如此严峻的前景，你该和什么样人格的伙伴一同创业呢？你需要寻找什么样的队友呢？

态度

对于创业者来说，许多人格特质是非常重要的，而实际上他们也需具备一些对立统一的辩证人格特质。比如，一方面创业者应该能够并且愿意倾听和接受忠告；另一方面，他们也需要保持足够的自信，不会轻易地因为任何人的建议而改变方向。面对挫折和危机，创业者需具备坚持不懈的毅力；同样地，如果他们一味固执地坚持一个行不通的计划，也是注定要失败的。

下面是一些对立统一的辩证人格特质的描述，不仅可以作为选择合伙人的标准，同样也是自我完善的参考。

- **坚毅，但务实。**当你觉得自己的企业已经从初创阶段幸存下来时，真正的磨难其实才刚刚开始：你个人的财务状况惨不忍睹；你的另一半因此而不快乐；而与此同时你的朋友或之前的同事的事业蒸蒸日上，他们的工作既比你轻松，钱赚得还比你多太多。

作为一名兢兢业业的创业者，除非公司倒闭，不然你需要一直忍受类似这种状况的煎熬，直到公司业务走上正轨，逐渐好转。与此同时，创业者不能固执地坚持不奏效的商业模式，他们需要根据实际经济状况去不断验证现行的概念和方法。

- **关注价值创造，但不失经济上的雄心。**最初是对于财富的憧憬激励了创始人选择创业，并让他们忘我地投入工作，直到企业步入正轨。然而，创始团队需要把日常工作的重点放在创造持久且可扩展的价值上。设定一个目标，无论是收入、利润或用户数量，然后拼命去工作，以确保能够实现这个目标。经济上的回报将和所创造的价值成正比。
- **勤奋工作，但聚焦真正重要的事。**在新创企业里，大部分工作创始人最好亲力亲为。比如在和顾客沟通方面，没有人能比创始人更有权威；在做分析方面，没比创始人更适当的人选；比起创始人，没有人能给员工传递更多的信心。

为自己寻找合伙人，那些努力工作并且愿意走得更远的人，那些能意识到责任并愿意担当的人，那些享受创始人角色魅力的人，以此为标准去组建你的团队。

- **谦虚，但自信。**新科技公司的成功取决于公司的贡献、商业信誉，以及各方面的投入。创业者需要寻找联合创始人和需要的员工来实现技能互补，同时能够分担工作量；需要让消费者和合作伙伴购买他的产品；需要说服投资者给自己投资。在这个过程中，创业者会遭到无数次的拒绝。

如果没有足够的谦逊和耐心，内心不够强大，那么创立高科技公司会强化你的这些品质。当你面对惨不忍睹的数据报告时，你要有足够的自信告诉自己，不是你自己或你的商业计划出了问题。

- **富有冒险精神，但须敬畏未知。**几个世纪以来，美国一直欢迎来自世界各地的充满冒险精神的移民。今天，美利坚人口的增长，仍主要依靠那些来自世界各地的聪明和有活力的移民来推动。

过去几个世纪，那些来到美国的冒险家们，他们放弃往日安全、稳定的生活，开始新的冒险征程。如同现在的创业者一样，经历了类似的选择——放弃一个安全可预见的职业生涯，并对未来下了一个赌注——要么获得经济上爆发式的增长而财务自由，要么可能彻底失败。

- **性格外向，但有自知之明。**创业是一种社会活动。外向的行为在交流中往往能四两拨千斤，它能激励员工，说服客户进行购买。如果你是内向、害羞的人，那么需要搭配一个性格外向的人一起合伙创业。如果你认为自己有些书呆子气，那么需要搭配一个富有沟通技巧的商业伙伴，也就是经典的“发明者＋商人”组合。更妙的是，如果你努力去学习如何沟通，不仅会帮助你找到新的朋友，还能显著提高你的专业技术和商业技能。

关于挑选联合创始人的问题，是选择一个拥有精湛技术的，还是一个拥有正确的态度人，我总是会选择后者。态度会延续很长时间，它的优势绝对会胜过专业技能。组建一个态度端正、技能多元的创始团队，对初创型创业公司来说是巨大的资产，在顺境中可以平稳发展，在逆境中更是一个可靠的保障。

技能和角色

不管你是聘请顾问还是全职员工，技术精熟的雇员基本都是比较难找而且代价高昂的。所以创始人团队的技术和背景多元化，就可以节省聘请专业人才的费用，同时也降低了雇用错误员工会团队带来的风险。

核心角色

尝试去组建一支拥有众多核心技术力量的创始团队，这样你们靠自己的力量就行了。如果你的公司正在经历新产品开发周期、新一轮融资、业务拓展或是合并，问问自己有什么是需要联合创始伙伴帮你完成的。

- **自命不凡的天才。**毫无疑问，高科技初创团队离不开科技专业技术。因此你需要一两个天才帮助你起步。

有些天才的专业能力可能是非常有针对性的，他可能在某个研究实验室或大学特定项目里获得了相关的专业知识，而且他可能拥有专业领域内相关的一系列专利。也有可能，这个天才有广博的专业知识，已经涵盖了特定的技术市场，如果你够幸运，他带来的可能不仅仅是专业技术，甚至是一系列的商业交往或合同。

但不幸的是，技术咖合伙人一般都相当难伺候，所以可能发生这样的情形，比如你数落他的次数和你感激他的次数不相上下，然后他也会不停指责你，对你的无能表示不满。但没办法，不管他们有多令你抓狂，你必须好好伺候他们，因为你承担不起失去他们的代价。

- **领导者。**以共识为导向，通过民主程序来运营新公司有其一定的局限性，特别是在需要作出一些非常艰难的决定时，这些决定往往会影响到每个人的生活。共识通常需要妥协，而妥协对新创科技公司来说是不需要的。
- **在创始团队中，如果有一个明确的领导者，凡事都会容易很多。**作为领导者，并不意味着有更多的股票或权益，也不一定要成为公司的CEO。它只是意味着，在有矛盾和冲突的时候，在需要结束争议的时候，联合创始人能信任领导者，并且愿意继续追随他。
- **业内资深人士。**任何一个合格的营销人员都可以从行业中学到很多东西，可以快速洞察到该如何工作，了解关键人物有哪些，并且明确产品的商机在哪里。但是，要成为某一行业真正资深的业内人士，需要长期投身于这个市场：理解微妙的市场竞争格局，识别真正的人才（而不是从头衔判断），通过对手技术担保和 PR 活动（公共关系活动）宣传看穿他背后的东西。这就是为何业界资深人士对企业来说是非常有帮助的。

不过这里千万要当心那些固执而老派的业内专家，你的公司需要的是用全新的角度来解决老问题，所以我们最好选择那些能用新视角看问题且想法开放的新派资深人士，而绝对不是那些只会说“我们通常就是这样做的”自以为是的职场老手！

- **销售达人。**年轻的高科技公司通常存在这样一种持续性的风险，那就是经常忘记自己的任务是要把发明的绝佳技术卖给别人。所以，创业团队中有一个销售达人就有助于控制风险。

虽然我不相信一个优秀的销售人员可以销售任何产品，但是我确信糟糕的销售人员连好的产品都卖不出去。如果你的团队里没有人知道该怎么去销售，那就去雇用一个；反之，如果联合创始人之一就非常懂销售，换句话说，他知道如何建立关系，拥有与客户沟通的能力，在价钱上有自己的底线和原则，那你就真的赚到了！如果再能完美地结合技术上的洞察力，创始人的权威和销售方面的丰富经验三方面的优势，那么即使面对竞争激烈的市场，团队也将坚不可摧、所向披靡。

- **专业财务人员。**专业财务总监和首席财务官可以招聘现成的人才，填补团队在财务方面的缺口。但是一定要记住，金融界的精英们往往有自己的议程，而且他们都身价不菲。如果你可以让一个技术创始人负责管理财务，那么就能省去寻找专业人才的麻烦，还能帮你省下宝贵的现金和股权。
- **超级巨星。**身为一个高科技公司的创始者，你可能很容易陷入比如采购办公用品、保持网络正常连接等琐碎的杂事中不能脱身，而忘记自己的角色真正需要做什么。世人所期待的高科技公司创始人应该像超级巨星一样能人之所不能。在你的团队中培养一个巨星般的人物，让他成为营销、招聘以及公关策略等方面的干将。幸运的是，以下任何一种组合（怪癖、书呆子、领袖和社交障碍者）都有潜力成为那样的巨星。

如果超级巨星和天才是同一个人，那你就有了近乎完美的团队代言人，让他去管理那些完全无法管理的创始人。当然他的自我会带给公司两种可能，要么巨大的成功，要么惨烈的失败。如果事情变得非常糟糕，那么就拿那句老话来安慰自己吧，有宣传总比没宣传好。

辅助技能

当你拥有核心技能时，问一问你自己，有什么是需要你的联合创始人做的，直到你有钱去雇用一个员工，或者你不得不要裁员的时候。以下这些辅助技能将帮助你的公司在困难时期维持正常运作，让你平稳度过最糟糕的阶段。

- **会计记账。**亲自管理账目，但是可以请人来完成机械的数据录入工作。
- **项目管理。**无论你是否有项目管理经验，在早期项目人手不够的时候，你将负责项目的日常管理工作。

- **起草法律文件。**理解和修改法律文件模板可以帮助你节省大量的律师费。但你必须确保这些模板来自于值得信赖的可靠渠道，而且必须清楚自己的权限！
- **系统管理。**年轻的技术公司创始人喜欢把系统管理的大权掌握在自己的手里，由任何其他的人来做这个工作他都不会满意。
- **技术文案。**为你即将发布的产品编写技术文件对你来说是一件有利健康和教育经验的事。尝试站在顾客的立场，从用户的角度去理解你的产品。
- **公共关系。**自己做公关，既可以节省不少费用，也可以让你和市场、媒体及分析师们保持紧密的联系。你也可以从竞争对手公布的成功或失败的案例中学习如何做得更好。
- **技术支持。**你会接到来自用户的第一个技术求助电话，而你不得不亲自出马。我敢打赌，那个时候你一定还没来得及雇用专业的技术支持团队。
- **网络编程、开发及维护。**虽然这些技术就像日用品一般普遍且必要，但这并不意味着它们是免费的。不过你可以使用免费的开源工具来维护你的网络，这会为你节省很多资金。
- **图形设计。**如果你技术足够熟练，你就可以自己做那些营销材料，这样会比雇人来帮你排版和设计要快得多。你可以请专业的设计人员帮你做好几个关键模板，包括一个很有创意的 logo，然后你就可以自己维护它们了。

以下是关于产品主体的技术操作。

- **写程序。**一位富有软件架构和实际编程经验的创始人，在软件开发的早期阶段，会带领团队在开发质量与速度两方面都做得很好。
- **版本管理和发布管理。**在雇人的时候，发布经理通常不是一开始就要考虑的，但一个不好的版本发布程序将劳民伤财。
- **电路板设计。**聘请硬件工程师的花费很昂贵，况且为了一块小小的电路板，不一定非要正式地去雇用专人或者搞个工程外包项目。试着去自己设计它，这会非常有趣。
- **库存和 SKU 管理。**很少有公司一开始就需要管理大量的硬件供应链。但是话说回来，如果你在初期制造阶段就把整个加工流程安排有序，管理得当，之后的事情就会变得顺利很多。

多少人是合适的

当我们创立魔法事业公司的时候，我们认为，五个人已足够了。事实上，我们还拒绝了很多想要加入我们的朋友和同事。到今天我还忍不住在想，我们当时的团队是不是还是太大了点，如果只是我们中几个人组合，是不是会做得更好。有没有通用的答案来告诉创业团队，到底有几个人才是合适的呢？

创始人在邀请另一位联合创始人进入团队之前，通常会非常关注股权结构问题。这样的做法大错特错！当你把一部分持有权分给联合创始人的时候，你的持股比例自然会下降。但是从长期来看，这种比例的股权稀释影响还是相对较小的。因为不久之后，你的持股比例还会显著下降，原因有很多，比如发行优先投资股股票、首席执行官股份、银行认股权证、职工优先认股权等。

因此在选择另一个联合创始人时，与其关心自己的股权被稀释的问题，还不如仔细考虑以下的目标。

- **最大限度的多元化技能。**将要加入团队的联合创始人是否带来了核心技术或扩展了团队的维度？如果他真带来技术，记住以后雇用一个拥有核心技术的员工是相当昂贵的，而且到那时再雇佣效率很低。
- **最大化和谐氛围、生产力和合作精神。**有一种看法认为，增加一个人进来是一件复杂的事情。但是，第三个人的加入可以帮助减轻前两名成员之间的紧张关系。这样任意两名创始人的组合都会有很高的生产力以及和谐的氛围。就跟婚姻一样，如果没有财务上的考虑，就可以从愉快并富有成效的创始人关系中获得长期的情感利益。
- **最大限度地贡献平等。**如果联合创始人之间的贡献水平参差不齐，这将给定义和维持长期稳定、有效的薪酬制度带来很大的难度。这种不同也包括技术、经验上的差异，以及工作态度和职业道德上的不同。
- **找出一个领导者。**创始团队有明确的领导者会比群龙无首的团体好很多。一个强有力的领导人，能够集中民意并提出决定性要求，能够带领企业在在困境中回到正轨。

移民创始人

在麻省理工的校友中，有 30% 的外籍学生有过创业经历，而本土学生有类似经历的只占 20%。与此同时，麻省理工留学生的比例也是每年非常稳定地在增长。从 1998/1999 学年到 2013/2014 学年之间，留学生的比例增长了 60%，而相比之下拥有公民身份或是永久居民身份的学生增长比率只有 17%。

最有前途的外籍高科技企业创业者们，在离开学校的时候都处于类似非永久性外国人的状态，而这种身份会让人感到非常不舒服，包括我和我的另外两个联合创始人都是这样。其实《美国移民法》还是相当慷慨的，如果外国公民拥有公司所有权，是会被列入移民考虑范围的。在美国，不管你是美国公民还是移民身份，每个人都可以自由地投资或成立公司。但问题是，一旦这些外国人开始为他们自己创立的实体公司工作了，之后的事情就会变得复杂起来。

即使你和你的联合创始人拥有永久居民身份或公民身份，但你很可能会聘用那些没有永久居留身份的外国人。如果你想成立最好的团队，那么你是不可能忽视这些数量超过总人数三分之一的外籍大学生的。要帮助这些外籍员工解决移民问题，程序比较复杂，而且要代价高昂，但是你完全可以把这个代价转化为你公司的招聘优势。有如此诱人的待遇，外籍学生一定会选择你的公司，因为多数老板通常都不会考虑他们，给他们的待遇和福利条件也都不如美国本土员工优厚。

作为一家新创办的小公司，你有充分的自由度来根据不同的外籍应聘者的情况来提供相应的支持。尽量满足外籍人士的移民需求，这样他们就会安心为你工作。他们一旦接受了你提供的工作条件，那在这个岗位上工作的时间要比美国本土员工更持久，不会轻易跳槽，因为离开就意味着要重新办理移民手续，或者只能离开美国，那样的状况是他们不希望看到的。

科技行业正在游说要求移民改革，这样一来企业家和这些小公司的员工都能好过一些。未来几年可能会有一些好转，比如会推出特别启动签证之类的措施。不过在那之前，你还是得好好研究一下《美国移民法》所提供的工具和自由度，以便你合理利用。

学生签证：非常欢迎给你的初创公司一个尝试，但是动作要快

对于在美国大学拿到硕士或者博士学位的留学生来说，有一个如救命稻草般的机会，就是申请学术培训或专业实习（OPT），也就相当于临时工作许可。如果你是一个持有 J-1 签证的在校生，那么你就有权申请延长自己的签证时间，最长为毕业后的 15 个月，这段时间你拥有在美国私营公司工作的权利。但是要想延签需要具备两个条件，要达到也不难:（1）工作要和所学专业相关;（2）工作的时间不能超过 15 个月，包括之前为拿到学位而做项目工作的时间也要计算在内。

持有 F-1 签证的留学生办起来就更容易了。他们毕业后有权申请 OPT，从而延长在美国的停留时间，为私营企业工作。工作要和所学专业相关，而且整个工作期间必须要符合 OPT 规则，时间不得长于拿到学位后的 12 个月。如果毕业生的专业为科学、技术、工程和数学（STEM）领域之一，可以申请到长达 17 个月的 OPT。

以上两种场景，都不要求初创公司有良好的业绩，所以这些工作许可对外籍创业者来说更为合适。通常情况下一毕业就创立公司，除了公司这个实体之外也没有更多可以展示的了。从白手起家开始，年轻的创业者们

需要在之后的 12 ~ 15 个月内为公司带来强劲的上升势头。也正是这期间，创业者开始考虑正式的工作签证了。如果初创公司保持着一个不错的上升的势头，运营得还不错，那就非常有希望为创始人申请签证提供一个有力的支持和保障（初创公司在为它自己的创始者申请签证时会遇到巨大的挑战，后面的章节会有所提及），就跟大公司帮助他们的外籍员工获取签证的情况一样。

侨居在美国的创业者：美国需要你，但务必先证明你身份的合法性

如果你不是美国公民，但在美国居住期间恰巧想要成立一家公司，尽管在美国领土上开公司是可行的，但程序很繁琐。下面是两种基本的选择：E-2 签证和 L-1 签证[①]。

E-2 签证要求申请者来自特定的国家，也就是所谓的条约国家[②]，创业者想要在美国成立一家企业必须提供的（1）他们的投资金额要和企业的规模成正比，（2）企业的多数股权持有人要是条约国公民。就一个小小的高科技公司而言，也需要创业者有 50 000 ~ 100 000 美元或者更多的投资。

申请程序是要在创业者所属国家的驻美国领事馆办理。创业者必须拟好一个商业计划，还要接受面试，需要解释清楚比如资金来源、资金用途等问题。E-2 签证的有效时限是 2 至 5 年，但可以无限期延长。

L-1 是公司内部受让签证，以允许外国公司派有特殊知识的高管、经理或专业人员，暂时为在美国的联属公司、子公司或分公司进行工作。L-1s 签证比 E-2s 签证更容易申请，想要获得资格，申请者必须在来美国前的 3 年内，已经在母公司连续工作了 12 个月以上，以及他搬到美国后的这

① 不包括 EB-5 签证，因为它需要申请者有高达 100 万美元的投资，以及其他一些约束，所以这对一个青年企业家来说要达到这样的要求是非常困难的。

② “条约国家”或“E- 国家”的名单中包括了几乎所有的西欧国家，以及一些南美和亚洲国家。

12 个月里，他的职位必须是在执行或管理层，或是在所涉及的公司的产品和服务部门从事相关的比较专业的工作。

L-1 签证申请的一些规则已经放宽，允许外国公司在美国建立一个联署的新公司。新创公司的 L-1 签证时间为 1 年，但可以额外延长 6 年。

作为一个外籍创业者，如果你打算走 L-1 路线，第一点就是你必须在你的祖国开始创业，至少在 1 年时间内让你的公司顺利起步。一旦公司的创办时间超过 12 个月，并且有了合法业务，那么你就可以通过 L-1 签证来美国了。另外在美国期间，你还需要提供证明，以证明你在祖国的公司仍然在经营这些业务就可以了。一旦你关闭了在祖国的公司，你就不能再靠 L-1 签证继续留在美国。这时你需要申请不同的工作许可签证，比如下面要讨论的 H1-B。

1 年的时间听上去很长，而当你一点点把公司运转起来的时候，时间过得通常比你想象中要快很多。你可以利用祖国成本较低的资源先做一些功课，包括专利申请、硬件原型、概念验证编程以及产品营销等。这样等你到了美国，很多的基础工作你已经熟悉了，就可以很快地利用当地的资源优势开始运作，包括争取风险投资。

工作签证：你运营的是一家真实的公司吗

一旦学术或实践培训完成后，创始人团队和新进员工最常申请的是 H1-B 签证。H1-B 签证是在某专业领域有专业知识或是获得专业学位的外国公民临时工作签证。

由公司为创始人或早期员工代为办理的签证申请需要符合以下两个条件:（1）外国公民在公司中担任一个“特殊职业”并且有与此职位相符合的学历;（2）该公司是有效的商业公司而不是为了让申请人顺利取得签证而成立的空壳公司。

为证明公司是真实有效的，这家年轻的初创公司需要证明公司业务的合法性。尽管这些证明文件的提供是非正式要求内的，但以下材料还是会对你很有帮助：可信的财务报表；正向现金流；收入和利润表；既定的工资程序；公司网站、市场营销材料和广告活动；媒体报道；美国本土雇员；联合创始人和具有美国国籍的管理人员；进行的投资等等。总之，可以证明公司正常运营的证据越多越好。

H1-B 移民政策不会因为谁是大股东或是公司的唯一高管而有所倾斜。作为创始人，你应该在申请前为自己找好老板。最理想的情况是，你聘请了首席执行官和另外一些高管（没有移民问题缠身的）来运营公司业务。这也意味着你建立了一个强大并且独立的董事会（如果你工作得很糟糕的话，他们有权解雇你）。

H1-B 签证有效期为 3 年，并且你有权更新一次。政府每年发放的签证数量是有上限的[①]。今年 H1-B 签证在 10 月份开始发放，但申请者可以从 4 月份开始提交。一旦达到数额的上限，新签证将不再签发，要等到第二年秋天才有机会获得该类签证，所以在正确的时机申请签证是至关重要的。

移民法根据专业人士所在的不同领域、教育水平和岗位职责，对他们的市场工资做了相应的规定。你可以给你的美国员工很少的工资而靠股权吸引他们跟着你一起奋斗，但你不能用同样的方法对待持有 H1-B 签证的员工。因为有趣的是，《美国移民法》保护创业期资金不足的外国员工免于剥削，却不保护美国公民。在魔法事业公司，我拿到合理的工资仅仅因为我持有 H1-B 签证。那时只有当我们经营得还不错的时候，我们才提高所有管理团队成员的工资水平，无论他的国籍是哪里。最终，我们所有人拿到的薪水也仅是美国劳工部门所规定的相应领域内博士学位的最低工资

① 在 2014 财政年度，H1-B 签证数量上限是 7 000~65 000 份。拥有美国大学的、高级学位（博士，硕士）的人可以申请有额外的 20 000 个 H1-B 签证名额。

水平。

来自加拿大和墨西哥的公民有一个额外的签证选择。他们可以持（北美自由贸易协定）TN 签证在美国进行一些签证许可范围内的工作。TN 签证有效期为 3 年，也可以无限期延长。

绿卡：终极合法性

经历了两三年 H1-B 签证时期，唯一能让外国员工继续在美国工作的合法身份就是申请绿卡（I-485，申请注册永久居留或调整身份）。当一家公司要帮助员工申请绿卡时，那么它必须表明它曾经非常努力地去聘请美国公民来做这个工作，但最终真的找不到任何人能够胜任。申请步骤包括：

- 起草一份职位描述，能反映该职位所需的标准和要求；
- 把职位公布在网络和当地报纸上（尽管已经很少人看纸媒的东西了）；
- 解释为什么其他申请人都没有资格做这个工作，同时要证明真的有人看到招聘并且真的有人应聘。

整个过程可能需要 2 ~ 4 年才能完成，某些国籍的申请人可能要花更长的时间。

赞同并资助员工申请绿卡花费高昂，但这样的待遇条件可以使你的公司变得非常有吸引力，也能增加员工在岗位上的稳定性。一旦员工处于绿卡的申请过程中，他往往会选择安心留在公司，完成整个申请过程。离开这家公司去为别人效力意味着整个整个申请流程需要重新来过。

雇主担保永久居留是迄今为止最热门的绿卡申请方式。当然，也有少部分其他选择，比如由政府运行的绿卡抽签活动，为有特殊能力的外国人建立永久居留权等。后者的情况包括拥有国家利益豁免权和 EB-1 绿卡[①]。

THE TECH ENTREPRENEUR'S SURVIVAL GUIDE

我们将一起获胜

第 1 课

联合创始人的态度和承诺将伴随公司很长时间。态度胜过技能、资历和专业知识!

第 2 课

创始人团队的完善和技能的多元化是公司困难时期最强大的保障。创始人能完成的事务，就让他们亲自来完成，凡事亲力亲为完成度更高，成本也更低。

第 3 课

挑选创始人团队时，不要担心人数以及股权分配问题；相反，多考虑一下如何建设一个能够互相尊重的团队、一个热衷于创业的团队、一个愿意和你患难与共的团队。

第 4 课

严肃看待移民问题，但不要让移民问题阻碍你成为创业者。美国需要移民创业者。要知道就算需要支付高昂的律师费，也总有办法让你留下来实现你的美国梦。

① 另一种流行的方法是嫁给一个美国公民。婚姻是最快和最便宜的方法，但它也有它自己的问题。因为爱情和你高科技公司的未来一样难以预测，不能把这两者混合在一起！否则，你可能会一次性失去所有的东西包括你的配偶、公司和工作许可。

04

早期资金

想做生意吗？那太简单了，叫别人掏腰包就好了。

小仲马（Alexander Dumas，1802–1870）

即使你完全不需要任何报酬，你自然也会明白，当公司走到某一阶段时，仅靠你赚来的血汗钱是不可能维系公司发展的。你需要寻找资金来源，以维持公司运转，直到公司可以收支平衡或进入下一阶段的融资模式（比如引进风险投资）。至于哪种自我发展模式最适合你，很大程度上取决于你所创办的科技公司的类型。

在魔法事业公司，我们依赖提供设计服务来赚取现金。当我们还在研究生阶段做研究的时候，就已经结识了一些大公司。在我们毕业后，他们想要单独雇用我们中的一些人，但被我们拒绝了，取而代之的是，我们以一个团队的形式为他们提供咨询服务，这样能有效地为自己和魔法事业公司筹到资金。

本章将讨论一些可供选择的创造性筹资办法，即使在创业阶段后期都是值得参考的，哪怕你已经拿到了风险投资。当创始团队争取到一大笔风投资金时都会非常兴奋。股权融资和贷款不同，因为贷款是要在规定期限内归还的。当然，现实中的风险投资也算是借来的钱。以下两个情况都是最糟糕的：一是风险投资家希望要回自己的本金，二是想要本金之外的10倍回报。因此无论什么时候，只要你有任何其他筹资的机会，都要抓住它。例如，2004—2009年美国高科技公司（不论成功与否）头五年成功融资主要来自家庭、天使投资、政府、风投等（如图4—1所示）。

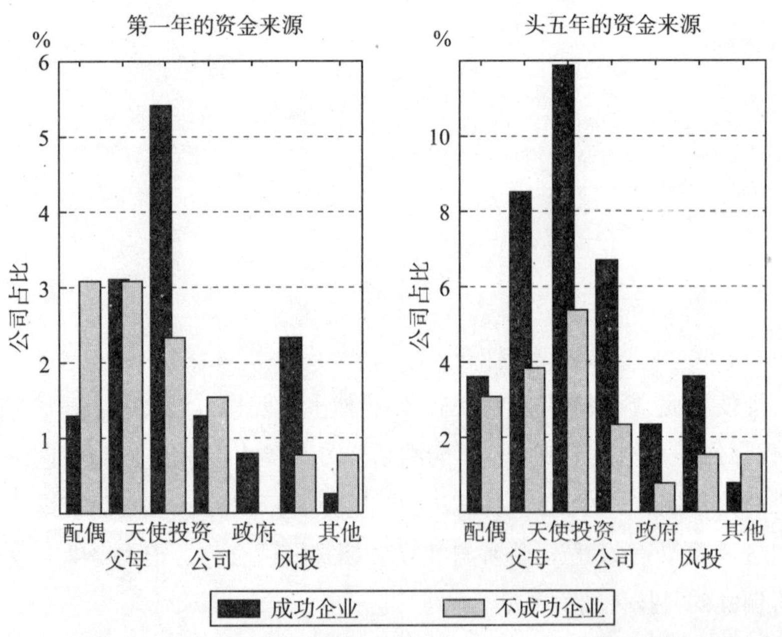

图4—1A　高科技创业公司第一年的资金来源 图4—1B 头五年内的资金运作过程

注：公司分为成功（截至2009年仍在经营中或卖出或仍然很活跃）和不成功（截只2009年已经没有任何业务）两种。

数据来源：Alicia Robb and E. J. Reedy, *An Overview of the Kauffman Young Firm Survey*, 2004–2009, 2011, http://www.kauffman.org,and *the Kauffman Firm Survey*, 2004–2009, 2011, http://www.kauffman.org/research-and-policy/kauffman-firm-survey.aspx.

收入是资金的最佳来源

在创办魔法事业公司之前，就有求贤若渴的技术创业者要我们帮忙设计 RFID 标签。他没有技术也没有员工来做这个，而我们的创始团队成员就具备这个能力。但是我们没有公司账户，所以拿他的支票也没用。最终，他委托我们拿他的个人信用卡去采购设备和材料，以满足他的需求。

并不是每一家高科技公司在第一天就能有收入进账的，但所有的公司都要从某天开始由烧钱模式切换到盈利模式。你越早进入盈利模式，对你就越有利。如果可以通过公司收入来支撑公司的运作，你就完全不必把公司所有权和控制权转让给投资人了，也不用把时间浪费在那些根本不了解你业务、还迟早会停止投资的人身上。而且，收入是不需要偿还的！

因此你会问："那我们还没有产品产出，如何创造收入呢？我们要怎么做呢？"首先，你要意识到，针对某些特定客户，你的团队有着他们迫切需要的专业知识。当然，你的主要目标是利用自己的专业能力，建立起可扩展的商业模式，并创造可持续发展的企业。同时，你的专长还是能为其他人发挥作用。还记得吗？你刚毕业的时候是最富有激情和智慧的时期（第 1 章提及）。你要善加利用自己的专长与智慧来赚取现金，而不要为了建立公司业务而甩开自己的知识产权（参见第 2 章"早期客户"那一节）。

- **技术技能。**如果你的团队里有杰出的程序员、硬件工程师或工业设计师，你就拥有完全的优势，把这些技能卖给那些无比渴求能得到它们的公司。试着将你的科技服务定位在某一特定的市场或技术领域——那些你可以称为专家的领域。这将有助于把你和个人承包者或主要提供设计服务的公司区分开来。如果团队售卖咨询服务和时间，那就要确保不断追求最好的创意和最优秀的执行，要知道这是你公司创立之根基。

- **特定领域咨询服务。**作为某一特定市场的新创公司，你知道所在行业的运作方式，你也知道谁是重要的人，什么样的技术是可行的，以及第三方公司如何利用这个特殊市场。在复杂的市场生态系统中，你直接的竞争对手比较少，反而更有可能拥有一大堆合作伙伴。把这些合作伙伴变成你的咨询客户！为他们量身定制适合的市场战略，并让他们支付服务费。
- **知识产权许可。**假设你拥有专利、设计或是软件方面的知识产权，考虑以下方式来操作许可权，从而保证公司的长期战略不会受到任何障碍。例如，把所有权卖给某个不在你核心战略区范围内的特定市场或特定区域。如果能为知识产权配上技术服务就最好了。事实上，最佳方案是别人付钱让你开发一个平台，然后你可以利用这个平台为自己的目标和自己的细分市场服务。

通过客户收入来维持运营是一种非常有利的方式。该方法还可以帮助年轻的初创公司关注和避免以下常见错误。

- **售前奴隶。**资源较丰富的公司也常常会为一件事争论不休，当正式合同还未签订之前，到底该为一位潜在的特定客户投入多少？或一个项目还未正式创收前，到底又该为此项目投入多少资源？而且，客户习惯在合同签订前，利用供应商的焦虑压榨他们，特别是在不确定是否能成交的时候，客户的优势就越明显。事实证明，当客户意识到提供免费的售前服务只是处于创业公司的财务考虑时，他们的期望值反而会显著降低。
- **产品白日梦。**靠客户收入来支撑的小公司，是不可能拿有限的一点点资金去投资团队没有十足把握的产品的。几乎可以肯定的是，创意技术人员所提出的产品概念数量会远远超过可用的资源。因此，利益相关者们被迫格外小心翼翼地去分配和利用现有的开发资源和市场资源。
- **功能蔓延。**聪明的客户们会告诉你，只要你能够再多提供一个额外的功能或做出“轻微的改变”，你的产品就会变得更完美，他们就愿意购买你更多的产品。当额外工作要求变成了商业合作的前提条件时，如果你主动提出可以付费实现这些愿望清单的话，那么客户接受妥协方案而放弃额外需求的可能性反而会戏剧化地增大。
- **没必要出差去巴哈马。**不少企业将金钱浪费在完全没必要的出差上。对于年轻的新创企业而言，想要降低出差成本风险，就得向客户开口要差旅费，因为你没有差旅预算。如果客户确实需要面对面的商谈，那么他们会给你出钱，如果他们不出，那么这个出差的事大概也就没那么重要了。

用收益来为你的公司提供财政支持是最佳选择。但很不幸，这个过程可能会非常艰辛。实际上，这等于你和你的团队同时在做两份工作，而每份工作都像全职工作一样繁重。这并不适合所有人，并且要在很长一段时间内维持这种超负荷的工作量是相当艰难的。

现实就是不只有两份工作任务来争夺团队的注意力和时间，还会不断涌现各种需求等待处理，所以要设置事情的优先级别。每一次机会、每一个项目和每一项任务都像是一个战术的十字路口：你是为了养活自己的区区几个钱而工作，还是为了你公司的未来去投入时间和资源？

这种不安不仅仅会发生在工程和产品开发中。公司的每个职能都面临着这种分裂的冲突。业务拓展和销售部门要面对应该把时间分配给能够产生短期收益的项目上，还是应该为长期的商品供应建立客户群上，这是一个很具挑战性的问题。财务部门必须不断地评估短期内需要多少钱才能维持下去，从而不会让公司赔上自己的未来。

在魔法事业公司，我们维持了五年靠收入来运营的模式。除了在最初的自力更生阶段外，我们在公司的其他阶段也会经常回到原来的收入运营模式，以改善自己的财务状况。在之后的阶段，我们改进了商业模式，会投资一些项目，但仅挑选那些符合公司长期战略的项目来投。重点是，我们投资过的项目都涉及自己的 OEM 产品。客户来找我们，通常是需要一个特定的 RFID 终端产品，因为他们缺乏开发资源。我们当然会为他们设计这样的产品，但也一定会在产品中用上我们自己的 OEM 组件。随着项目进展到大规模部署阶段，与客户之间的设计合约虽然终止了，但我们还能继续销售硬件组件给他们。

孵化器和加速器

20 世纪 90 年代末诞生了很多孵化器，但这是一个错误的开始，这当中的很多孵化器在之后网络泡沫的影响下相继死亡。大约十年后，新的孵化器也就是现在所谓的加速器在世界各地创立起来。有一些做得非常好，最突出的是美国加利福尼亚州的 Y Combinator（YC）。许多加速器正在蓬勃发展，包括科技之星网络加速器（Tech-Stars network of accelerators），其办事处遍布美国好几个创业中心。

2013 年 9 月，据种子数据库（Seed-DB）统计的数据，全球有超过 170 个加速器计划，2900 余名参加者或创业公司，大约投入了 27 亿美元。据该网站报道，159 个项目已经退出，总的退出价值已达 17 亿美元。

有趣的是，超过一半的资金是由 YC 投资的，而超过三分之二的退出价值也是 YC 投资的项目所创造的。事实上，由一家独立机构所提供的数据表明，加速器行业仍在持续发展。并非所有的企业都会生存下来。这里有几个巨大的成功案例，如 Reddit 和 Dropbox，他们都是由 YC 孵化的。时间会告诉我们这个孵化模式究竟会扩展到哪些区域、哪些行业和哪些人。

从业绩上看，YC 可谓孵化器行业的霸主。它也一直是其他类似孵化器的榜样，其他孵化器往往都会参考它的结构和运作。参与者可能会拿到最高 10 万美元的种子资金，并可获得到一大笔转换债券。作为交换，YC 可以拿到创业公司 2%至 10%的股权。

YC 每年会召开两次会议或课程。在参加会议期间，初创公司必须进驻硅谷，一旦会议结束，他们可以自由选择去任何地方。整个项目会持续三个月之久，并且由一系列的活动组成。在原型日那天，初创公司可以给其他参与者展示他们目前的发展状态，不需要有任何压力，因为不会有外部观察者在场。当项目进行到一半的时候，初创企业就可以向那些备受瞩目的风险投资人介绍自己的项目了。在路演当天，项目参与者们要在别人面前进行自我推销。

最后，在展示日，项目参与者们要在几百个投资者面前介绍自己的项目，这些投资者包括天使投资和风险投资。而且参与者们还要向投资者展示那些激起他们兴趣的企业商讨 A 轮融资的投资意向书。

这些孵化器的项目之所以能成功，主要有两个原因：首先，年轻的初创公司在这样的环境中会被同行和经验丰富的导师激励，因此在短时间内会取得巨大的进步；其次，在展示日当天，初创公司会接触到很广泛的投资者群体。

传统形式的筹款是企业在初创时期最费时的挑战之一。这需要长时间来宣传和推广自己，与潜在投资者接触，然后说服他们投资。投资者通常都是很挑剔的，所以创业公司通常要经历多次这样的过程，才能拿到投资。而演示日这个活动大大简化了原有的过程。很多在场的投资人们都已经准备开支票了，原本需要花费数月之久去寻找 A 轮投资，这下只需通过几个星期的集中训练后就能拿到了。

天使投资

我的一位好友是非常成功的高科技公司高管，同时却也是一位非常不成功的创业者。他对我坦诚道，告诉家人他们好心投资的钱已然打水漂是一件无比痛苦的事，相比之下，自己在创业时期所吃的苦根本不算什么。我们可以躲着合作伙伴，可以和投资人断绝关系，但没人能逃避自己的家庭。他们永远都在那里，所以犯不着冒着可能闹僵的风险去和他们借钱。

而天使投资人很清楚自己在做什么。他们有意识地投资高风险且还处在早期阶段的企业，尽管其中很多企业可能都不会成功。事实上，根据考夫曼创业基金对天使投资者的调查，53%的天使投资人收到的回报都少于其所投资的资金（如图 4—2 所示）。

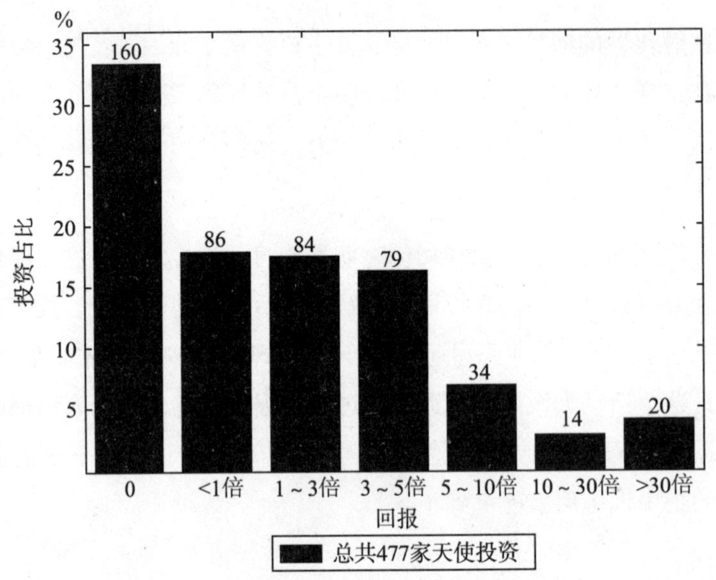

图 4—2　高科技公司的天使投资回报直方图

（涵盖了 1990 年到 2007 年间退出或停止的投资）

数据来源：Robert Wiltbank and Warren Boeker, *Returns to Angel Investors in Groups*, Ewing Marion Kauffman Foundation and Angel Capital Education Foundation, Angel InvestorSurvey, Kansas City, MO, November 2007, http://www.kauffman.org.

天使投资的含义较广，即有人或是机构给初创公司提供股本资金，但这通常不是指的专业的投资基金。传统的天使投资都是独立操作、独立寻找投资的。渐渐地，天使投资人会自己组织起来变成一个大规模的群体，试图专业化投资过程，并充分利用彼此的时间去评估投资的公司。

科技创业公司的天使投资人，这里所谓的“天使”并不是真正天使的意思。天使投资人一般会投资那些规模较小、不太吸引风险投资家关注的创业项目。他们之所以给你投资，是因为他们知道并且信任你；是因为他们和你属于同一领域；是因为你正在解决的问题有价值；是因为他们的另一个朋友也这样做了。在财务上进行考量后，即使他们知道放弃这个机会或许是更明智的选择，但他们还是投了你。

天使投资人不是慈善家。作为早期的投资者，他们所面临的风险要大于后期阶段给你风险投资和其他投资的人。但是,如果事情进行得很顺利，他们就会获得巨额回报。在风险和回报方面，天使投资人是在挑战资本风险的极限。

许多天使投资人背后有更重要的职业身份，也有可能他们已经完全退休了。他们中的大多数人都曾经有过非常成功的事业，但他们仍渴望更加成功。拥有几百万美元资产的硅谷高管无疑都想要进入千万级俱乐部。而拥有千万资产而功成身退的企业家，则愿意花 100 万美元在投资组合上。天使投资正好为他们提供了这样一种可能，即不用 7 天 24 小时的工作模式就能增加自己的净资产。

最小一轮的天使投资通常是由可转换债券组成的。因为很难对什么都没有的公司去进行估值,所以估值问题会被推迟到下一轮更大的投资之前。债券可以在之后被转换，早期的天使投资可以折换成下一轮的股权。

天使们往往出于多种原因而进行投资，但大多不是因为经济原因。因此，在你接触到天使投资人以前，你有必要做足功课，找出什么东西会激励他们，他们喜欢什么类型的公司，以及除了资金以外他们能如何能帮你获得成功。你越顺应他们的优势和喜好，就越容易说服他们来资助你，也会越多地从他们那里获得其他可贵资源。

来自政府的免费恩赐

你一般不会听说美国政府会慷慨解囊帮你赢利。但是，政府是少数几个可以为你的商业技术公司申请到赞助金的地方。来自政府的补助金不仅不会被收回，而且你也不需要通过交易股票得到它。

死亡之谷

处于初期阶段的技术，会在从“高校主导”的学术研究到成果商业化的生命周期中，经历一个非常脆弱的阶段。因为，一旦某种技术被过度开发，那么学术界就会对它失去兴趣。但这并不意味着该技术已经足够成熟了,也并不代表它的商业风险是可控的。而投资者往往都是受利益驱动的，所以在这个阶段很难找到人愿意给你投资。这个过渡期被称为死亡之谷。因为一旦没有风险投资、天使投资人或是大公司愿意承担一定的财务风险来给你投资的话，这个技术估计在改变世界之前就已经夭折了。

小企业创新研究（SBIR）项目是在1982年由美国国会设立的，用以解决死亡之谷问题。该计划被特许用于支持中小型企业的研发活动，以帮助那些有前途的早期技术公司度过死亡之谷这个难关。1992年，作为SBIR项目的兄弟项目，小企业技术转移（STTR）项目设立。STTR计划会给小型科技企业和不以营利为目标的研究机构拨款，并支持他们之间的合作（如图4—3所示）。

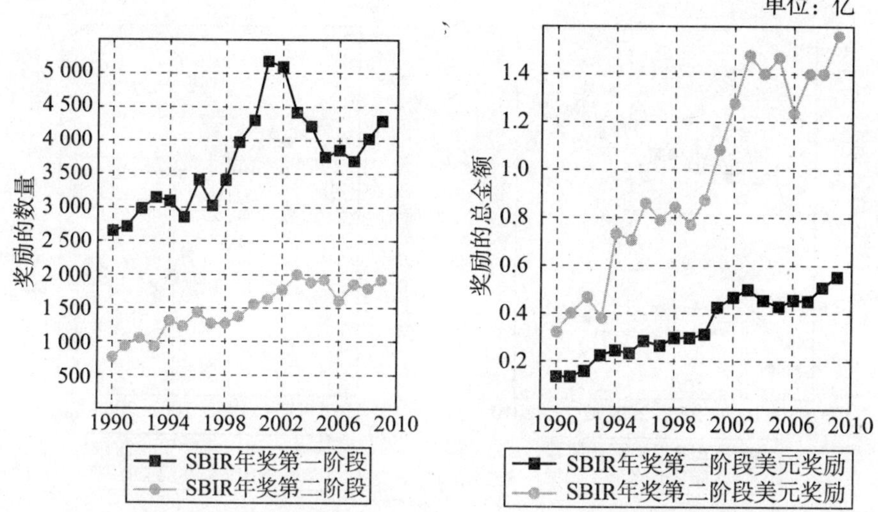

图 4–3A　美国 SBIR 奖所奖励的机构数　　图 4—3B　美国 SBIR 所奖励的美元金额

资料来源：*SBIR Awards by Agency and Year*, 1983–2012, www.sbir.gov/past-awards.

这两个项目的目标是多方面的：

- 促进技术创新；
- 满足联邦研究和开发的需求；
- 促进和鼓励社会和经济上处于不利地位的人参与创新创业（如图 4—4 所示）；
- 通过小型企业和研究机构之间的合作研发来促进技术转移；
- 增加来源于联邦研究与发展基金的私营部门，将创新转换成商业成功。

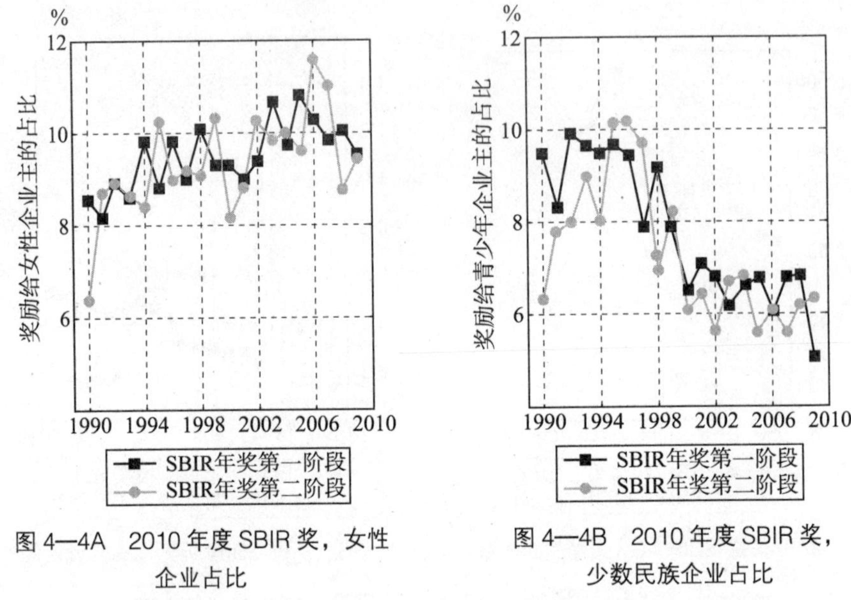

图 4—4A 2010 年度 SBIR 奖，女性企业占比

图 4—4B 2010 年度 SBIR 奖，少数民族企业占比

资料来源：*SBIR Awards by Agency and Year*, 1983–2012, www.sbir.gov/past-awards.

小企业创新研究

SBIR 和 STTR 项目是由以下单项奖授予机构管理：美国国家自然科学基金会（NSF）、美国国防部（DOD）、美国国家航空航天局（NASA）、美国国家卫生研究院（NIH）、美国卫生与公众服务部（HHS）、美国国土安全部（DHS）、美国农业部（USDA）、美国司法部（ED）、美国交通运输部（DOT）、美国商业部（DOC）、美国环保署（EPA）、美国能源部（DOE）等其他机构（如图 4—5 所示）。每个机构都在执行他们自己的流程，包括募捐、递交申请截止时间和项目主管。企业可以直接向相关机构提出申请。

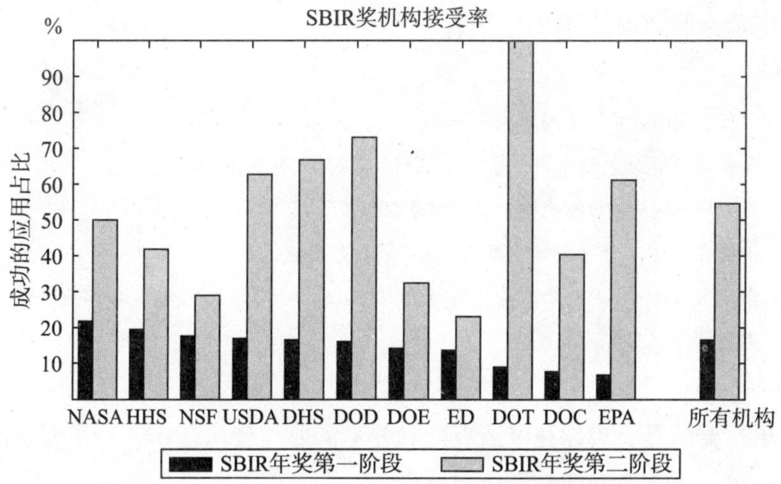

图 4—5 2010 年 SBIR 项目政府各机构通过率：阶段 1 和阶段 2 的奖励

资料来源：*SBIR Acceptance Rates by Government Agency*, 1983–2012,www.sbir.gov/past-awards.

SBIR 项目分两个阶段提供主要的资金：第一阶段资金上限为 10 万到 15 万美元的补助资金和六个月的研究时间。经费主要用来帮助建立技术优势、可行性以及该研发成果的商业潜力。此外，第一阶段的授予人有机会证明自己能够遵守项目规定的一般准则。

在第一阶段结束后，接收方可以申请第二阶段的奖励，其中包括高达为期两年的 100 万美元的资助。第二阶段能否拿到奖励要基于第一阶段的成果，以及所阐述的第二阶段的具体工作内容。该技术的商业潜力也是第二阶段奖励的一个重要选择标准。

一些机构，特别是卫生与公众服务部和美国国家卫生研究院，都提高了第一和第二阶段补助资金的上限。此外，一些机构会通过其他项目和合同提供后续资金，目的就是为了满足政府对某些产品或服务的特定需要(第三阶段)。

申请企业必须符合以下条件：

- 业务必须纳入一家美国营利性公司；
- 企业必须至少有 51%的股份由美国公民或美国永久居民持有和控制；
- 业务规模包括其分支机构，不能超过 500 名员工；
- 申请 SBIR，要求主要研究者在公司必须有办公地点；
- 申请 STTR，要求一个非营利研究机构和以营利为目的的小企业合作执行该项目。

更重要的是，当你在申请资助时并不需要与公司合作。而在你获得资助的时候，才需要和营利性公司合作。

源于对技术和创新的热爱的 SBIR 和 STTR 战略

SBIR、STTR 的申请过程不是商业计划竞赛。这些资助的目的是帮助创新研究，而不是把这些创新研究商业化。尽管商业应用性是决定是否给予资助的一个重要考虑因素，但是所给的奖金不是为了产品开发和商业化本身，而是用于研究。

对于一些小型科技公司来说，SBIR 补助是其主要的收入来源。如果你的商业模式是从这个补助到那个补助，那你是不可能致富的，但是如果你喜欢研究，并希望主宰自己命运的话，那这是有益的。但是，请注意，这个项目并不是一个永久性的融资工具。你应该意识到当你已经获得一些资助研究项目后，这样的机会就会越来越少。

谁都不能保证你的申请会被接受，所以通常就多申请一些补助项目。2010 年 SBIR 的平均通过率第一阶段为 17%，第二阶段为 55%。STTR 的平均通过率要稍微高一点，第一阶段为 22%，第二阶段为 68%。

SBIR 和 STTR 的申请过程是匿名的。确实，你完全可以不跟项目管理人员沟通就申请补助金。但是，如果你有机会和所在领域的项目主管有一些关系的话，那你申请被获批的机会将大大增加。SBIR 项目主管有两个职责：（1）提出新的研究课题和要求；（2）寻找合适的公司负责这些课题。为把这件事情做好，需要项目和流程主管的投入，也需要课题专家组的贡献。他们需要与你建立联系，你也需要和他们保持良好关系。与大多数提案一样，如果你全身心地积极投入的话，那么你的申请会较容易被接受。

你将成为项目过程中所有研发所得的知识产权的拥有者。但是政府有使用这个知识产权的权利，想怎么用就怎么用。这个政策往往被视为 SBIR 资助计划的缺点，但在实践中，共享对知识产权未来的商业化并没有太多负面影响。如果你足够幸运，一些机构希望使用你的工作成果，那这个机构就很可能会帮你把它商业化。这样你就可以再次利用它，获得政府的第二次资助了。如果政府对此不感兴趣，你也可以将产品卖给其他人。①

如果你迫切需要资金，那么你可能不适合申请 SBIR 项目，因为它的申请和授予周期较长。申请程序每年会启动好几次，但是，企业要在申请截止日几个月后才会知道自己的申请是否通过，并且还需要一定时间才能拿到资金。例如，美国国家科学基金会每年有两次申请机会，而补助资金要在截止日期半年后才发放。

那么，第二阶段才是真正能够拿到足够多钱的阶段。不要在那些不能进入到第二阶段的提案上浪费时间。就算你得到第一期资金补助，最多也只有 10 万美元。只有第二阶段的资助才能提供足够的资金，让你有盈余地实施项目，从而确保认真严密的研发。

① 这就是说，你最好咨询政府的合同律师，因为与政府签订合同，可能会碰到与知识产权相关的陷阱。

银行与贷款

美国风险投资业主要是基于股权融资。然而，当我们出售魔法事业公司的时候，之前向我们公司提供信用贷款的银行成为了最大受益者，甚至超越投资过我们的任何一位风险投资人。这怎么可能？

创业贷款银行：如果他们信任你，那么我们也信任你

专门从事创业贷款业务的银行基本会跟投风险基金。与其去评估某个企业的生存能力，投资银行倒不如选择联合投资的方式，或者在一轮融资后紧跟着进行投资。这些银行的假设是，一个能拿到风险投资的企业再不济也至少处于稳定的状态。银行同时也在思索风险投资公司自身的生存能力，它们知道，一个财务稳健的投资者在一段时间后会投入更多的资金到有需要的投资组合公司中。

创业贷款银行知道如何通过给予初创公司信用贷款，来帮助他们建立一个健康的上升空间，同时防止自己受损失。如果一个创业项目失败了，股权投资者几乎是拿不回自己的钱的。因为，无论是初创企业执行高管还是风险投资伙伴都会竭尽全力偿还银行贷款，不想欠账而让自己丢脸。即使会有额外的短期损失，大家都不希望因为欠款而毁了自己的信誉。

在以下情况下，银行会以联合投资的方式贷款给初创公司：

1. 信贷联合一轮融资；

2. 信贷是该公司的优先级债务；

3. 银行信贷金额比风险投资金额少；

4. 银行信贷是可赎回的，并且不管该公司运营和发展状况好不好，该公司都必须在规定时间内进行偿还。

施加那么多苛刻的条件，公司看来十有八九会破产，银行也要为这些没有价值的公司而损失所有的钱。其实，即使公司真的会有如此毁灭性的结局，在破产之前一定会有征兆，这样银行也有时间采取各种策略来弥补损失。

积极地看，银行有很多工具来保证信贷的价值所在：首先，他们收取的利率显著高于常规的商业或个人贷款；其次，银行会发行认股权证；最后，这些交易通常包括成交费，以防止在贷款周期内风险投资的出资人中途退出。因此，银行能够最大限度地提高其投资回报，然而其他投资者和股东在退出时却会赔钱。

很遗憾，从初创公司角度来看，这种联合投资并没有消除股权融资的风险。相反，银行信贷只是一种工具，可以帮助企业更好地利用从股权投资者那里获得的钱。在你考虑这种贷款之前，请先认真阅读下面的内容。

警惕契约

为初创公司提供的银行贷款有一个陷阱，那就是契约！ 银行为了进一步降低违约风险，会给初创公司建立绩效衡量基准。只要公司维持一个稳定的收入水平、有一个定义明确的绩效底线和有最小现金余额，那么这个创业贷款就会被视为信誉良好。①

让我们看看下面的例子。

在一个创业贷款的谈判过程中，你认为某公司的经济保持持续的增长，收益的增长速度至少会达到20%，并且在任何季度的亏损不会超过20万美元。银行经理对你的管理技能表示信任，同时他希望增加一些保证金，以防你的计划没有如期实现。于是他订立了一个契约，即一旦你的

① 除了财务契约，企业债券的交易通常包括一个“重大不利变化”契约，这对初创公司来说是定义不明确但同样令人不安的契约。

收入有所减少或者现金余额低于 50 万美元，银行将有权提前收回借款。然后你愉快地答应了，因为从你的角度来看，公司不可能差到这种地步。

仅半年后，公司的经济情况变得很糟糕，彻底摧毁了你对公司持续增长的期待，于是你把现金余额减少到了低于 50 万美元的限额。

当你触犯了契约，银行就有权利取消抵押品的赎回权，在极端情况下，银行会充分利用它的这个权利①。但通常的做法会是与其立刻取消抵押品的赎回权，银行更愿意重新谈判。对于银行来说，取消赎回权（抵押品）也会是一个很混乱而艰苦的工作，并且也收不回多少本金。相反，经过银行和公司的共同协商后，重新达成一些新的条例，公司不但可以生存下去，也能顺利地偿还本金。

事实上非常可笑的是，现金余额这个东西一方面是公司通过银行贷款或信用额度来获得的，以达到给自己贴金的目的；另一方面又被用作提前收回借贷的度量标准。在实践中，这意味着只有贷款的一部分会变成营运资金，其他部分要好好地保留在银行里，以防止触犯到契约的条款。可气的是，你要为这些存在银行账户里的钱去支付利息！

个人担保贷款

如果创始人或高管准备进行个人担保贷款或进行一些个人抵押，银行可能很愿意把钱借给你。但是，这个方法在很多方面会存在以下有问题。

- **“我要怎么和我的配偶解释这个事情？现在？还是在钱没了的时候？”**提供个人担保会给创业者的个人财务状况带来巨大的压力。即便风险是可控的，跟你爱人解释这件事也是一个艰巨的难题。

① 如果银行真的对企业取消了抵押赎回权，最典型的情况就是进行一场大甩卖。到了这个地步，企业的大部分员工都已经走了，企业的价值也减少到只剩下固定资产和一些可能的知识产权。这绝对不是一个完美或有利可图场景，卷入其中的任何一方包括银行都不会好看！

- **“为什么我必须支付额外的高利息？”** 即使贷款附加上了个人担保，它仍然是商业贷款。商业贷款的利息是显著高于个人贷款的，如房屋抵押贷款。
- **“为什么一定要选中我们的一个来为财务作出牺牲？”** 初创企业中，创始人和主要利益相关者们往往会有不同的金融背景。让所有的人都参与担保几乎是不可能的事情。只有一个创始人或几个创始人参加担保，也会引发创始人之间的关系紧张甚至是分裂。

如果公司真的需要一个或多个创始人从自己腰包里掏出一些现金，那还不如直接让创始人或股东贷款给公司来得更有意义。通常现实中的情况就是，要达成此事，创始人要么动用自己的储蓄金，要么拿出房屋净值信贷。因此，创始人一般都会在明确定义的条款下把自己的钱借贷给公司。

由于承担了风险，创始人应得到加倍奖励：公司应支付和商业利率一样甚至更高的利息，这样债权创始人可以从自己的贷款和给公司的贷款的利率差异中获得收益。此外，公司应给予借钱给公司的创始人更多的认股权证或股票期权。毕竟，他才是真正的投资银行信贷人。

众筹

如果放在几年前来写这本书，那么这部分就不存在了，尽管众筹的历史其实很悠久。例如，自由女神像的基座就是由一个早期的众筹项目来实现的。1884 年，为完成女神像的基座，报纸出版商约瑟夫·普利策（Joseph Pulitzer）从 12.5 万人手中筹集了超过 10 万美元的资金，因为当时法国在赠与自由女神像的时候并没有提供基座。众筹之所以在近期突然走红，得益于以下几个关键事件。

- 2012 年美国国会通过了《创业企业融资法案》（the Jumpstart Our Business

Startups Act, JOBS），该法规定众筹是一种合法的行为。

- 许多众筹网站的兴起，帮助对接了投资人和寻求资金的企业。

在过去，集资大多被用于支持创意项目，如一件艺术品、一场音乐会或大型活动、社会事业，再比如像自由女神雕像基座这种事。由于没有债券出售，这些项目也不算是投资活动，所以该法律框架是非常简单的。

当初创企业为了筹集资金、发行债券而进行众筹时，此时众筹就算作是投资活动，需要遵循另外一套完全不同的规则了。这个 JOBS 法案的诞生就是为简化这一过程，并允许企业向未被认证过的个体投资者进行有限金额的融资。不过，要让美国国会建立一套明确的规则，告诉我们哪些是允许可行的、哪些是不允许的，还需要一段时间。到目前为止，有以下两种科技众筹的形式。

- **为什么不去投资你相信且能得到巨大回报的东西呢？** 以股权为基础的众筹，为投资者提供了可以换取现金的股权，这和传统的股权融资大致相同。①
- **你出钱，我们来实现诺言。** 以回报为基础的众筹，是在未来一段时间内，回报给投资者一个小玩意、一件产品或一种服务。

第二个选择更像是期货合约。两个商业伙伴同意在未来进行业务往来，但他们是在今天定下的这笔交易。买方存在一定的风险，因为如果事情进展得不顺利的话，他可能永远看不到产品，也拿不回他的钱。

初创企业的众筹对一些商业模式和产品是有用的，而对另外一些则是没用的。因为众筹从根本上来说是面向消费受众的，B2B 型的初创企业不太可能从这种工具中快速受益。

Kickstarter6 是迄今为止最成功的众筹网站之一，要求申请者有某些

① 在写本书时，这还不是合法的，但该法规有望在之后颁布施行。

原型特征。申请人需要设定其资金目标，只有达到了这一目标，资金才会被发放。项目筹得的实际资金通常会超过目标的好几倍,这也是被允许的。

申请人需要知道这钱不是白拿的，他需要兑现自己的诺言。尤其是在硬件投入后，经济方面可能会有点棘手。假设你以 100 美元的价格，把一个没有开发好的小玩意卖给热情的顾客。再假设，你能够说服 1 万多人来买它。你兴奋地拿着这筹来的 100 万美元去完成开发和设计。当你完成这些设计后,你意识到,这个无与伦比的小玩意实际上要花费 70 美元去制造。那么现在，你必须再去弄 70 万美元去生产这些产品，才能满足你的支持者们。

没有一个认真的创业者会忘记收入和毛利之间的差异，对吗？而事实上，即便是我们中最优秀的人也会低估新产品的成本。在众筹产品的开发中，这样差劲的成本估算可能意味着产品梦的终结，并且会毁了你的名声。

从积极的方面来看，一项运行良好的众筹活动不仅能给初创企业带来了资金，也为其营销活动揭开序幕。毫无疑问，众筹是当下最性感的融资手段。它到底会不会在未来几年对高新技术公司的融资产生持久的影响，让我们拭目以待。

THE TECH ENTREPRENEUR'S SURVIVAL GUIDE

创造资金

第 1 课

有很多理由证明，在创业早期，来自客户的收入是初创企业最可靠的资金来源。

第 2 课

参加孵化项目可以在短时间内帮助初创企业在多方面获得长足进步，并且能简化风险投资过程。

第 3 课

请记住，天使投资人不仅是为了赚钱而投资。如果你能巧妙利用与天使投资人的关系、经验以及——在某些情况下——他的虚荣心，让他们乐于发挥自己最擅长的强项来帮助你，那么你的天使投资人才能成为你真正的资产。

第 4 课

定期查阅是否有研发补助金项目的征集，看看有没有机会拿到免费的资金来开发自己的技术产品。

第 5 课

在美国初创企业界里，银行信贷只是一个短期财务缺口的补救办法，绝不是一个长期的融资工具。远离个人担保贷款，并务必仔细阅读你拿到的任何信用额度的契约！

第 6 课

众筹是在所有方法中最性感的一个！目前处于最好的时期，众筹能让你拿着钱做你想做的事情，还顺便做了营销宣传。

05

初创企业的管理

有些人因罪恶而升迁，有些人因德行而没落。

摘自莎士比亚的《一报还一报》（*Measure for Measure*）

创办一家高科技企业需要大量的管理工作。有一些任务看起来很难，但实际上很简单，也有一些任务本身看上去就很简单。任何管理上的琐事都无法和“发明优秀的技术并将其卖出去”这个目标相提并论。把本章作为一份管理清单和指南来看待，你就会发现这些工作也没那么枯燥。

法律代表

一家公司的成立通常会交由律师负责把关，所以你需要在公司成立之前就找到法务。大多数律师事务所都渴望与新客户进行合作，所以直接打电话咨询并比较他们的报价，不要觉得不好意思。

当律师们想要抓住你这位新客户时，他们通常是不会收费用的。因此，试探性的电话询问将会是最便宜的。在正式成为他们客户之前，你有比任何时候都多的谈判空间。你可以为公司成立及其所涉及的一系列法律服务争取到一个优惠的价格。或者,你也可以等到第一轮融资结束后，根据实际经济情况和律师商定服务费用。任何这些要求都是完全合情合理的。

当你选择律师事务所时，请考虑以下这些问题。

确保与律师的相处是愉快的

请确保你对该事务所是满意的，并能和他们的工作人员在日常合作中友好相处。我很怀念之前魔法事业公司的成立大会，即使那个时候我对律师提出的问题还未能全部理解，但我对他的工作方式感到十分放心。

你的承受能力

在考虑“承受得起的律师事务所”这个概念时，请把可能的损失包含在内。在考察了事务所的整体收费结构和它与合作伙伴的具体收费情况后，你会很惊讶地发现,法律服务的收费情况在各地区都没有太大差别。不过，不同的律师事务所的规模确实有很大不同，平均来看，一个超过 150 人的事务所的报价会是 9 人以下事务所的三倍。因此投奔规模较小的律师事务所是上策。

为了维持一个较低的合作费用，只要有机会，事务所就会提出安排初级律师给你。以我的经验来看，事务所启用初级员工，是其降低预算最可靠的方法。初级员工的经验很少，而且大多数会承认，想要在现实生活中成为一名合格的律师，仅仅在法学院学习是远远不够的。并且，初级律师一般都会按最小计酬工作时间来计费，但这绝不是监督他快速完成工作的最好办法。

事务所的可用性

找一家有时间并且确实能为你做事的律师事务所，只有这样才能在关键时刻帮到你。例如，你急需你的律师处理事务，而他却因为别的事务忙得不可开交，此时，你也没钱再去请另外的律师来帮你救急。

国际化的大型律师事务会告诉你，无论何时何地，只要你需要法律帮助,他们都可以出面帮助你。这点对于小型的初创企业来说根本没什么用，因为你只有一个办公场所，而且你和你的律师事务所同在一个城市，你近期也不太可能卷入一起诉讼案，更不用说在国外了。

适合自己的服务才是最好的

你的律师事务所应该要提供足够的服务，助力你在最初的几个月顺利运营公司，这些服务包括公司法、税法、劳动法、移民法、风险投资法、证券法、金融法、版权法以及商标法等方面的服务。如果这些服务都包括在内，目前的这个律师事务所对你来说就够用了。

大的事务所会宣传他们全方位的法律服务，涵盖法律的各个方面，包括诉讼、专利和国际法等。但在现实中，"全方位服务"意味着你要与事务所里的专家型律师合作，这样你得为这些服务花上大把的钱。

取而代之，你更适合选择一家小型律师事务所，然后找一个对你企业和目前运行情况都比较理解的通才型商业律师合作。当你确实需要一位专家的时候，你可以再从别的律所找你需要的律师。道理很简单，就像你不会指望你的初级保健医生能处理从现在到死为止的所有医疗问题。

专利工作

对你的律师来说，专利法和专利申请服务并不是必需的业务，但确实能够锦上添花。但更常见的情况是，你会专门雇用所在领域的专业专利律师，或是和之前在专利工作中认识的某位律师共事。如果你坚持在专利工作上按照老一套商业法律来实践的话，那反而会限制住你自己，这完全没有必要。

此外，知识产权律师特别擅长在你毫不知情的情况下从你身上榨取数目惊人的资金。尽量与一个以上的事务所保持关系，这样你才能在每次做一个新的备案时权衡利弊。

一旦开始合作，你就必须在项目开始前就事先约定好时间期限和费用。另外，不要羞于在事后要求减价。大公司经常这么做，尤其是在产品并没有达到预期效果是。例如，当一个交易告吹时，就会要求降低费用。律师应该是用来保证你事业发展的，而不是在经济上毁掉你的。你只需要偶尔提醒他们那些小细节，免得他们忘记了。

在企业的整个发展过程中，你的律师事务所肯定会有变更。因此没有必要从一开始就聘请最好、最昂贵的律师事务所，即便是最贵的律所也无法保证你的成功。成功只能靠你自己。

公司形式

选择公司架构这项工作可能会让那些对创办公司怀有伟大梦想和决心的人感觉无聊和无关紧要。毕竟，能有多少选择呢？事实上的确没有很多选择，但它们之间的差异却是很明显的。选择合适的法律形式能够让企业运营平稳，实现一定的经济回报。公司架构的选择为公司在风险投资、管理盈余和公司治理等方面奠定了战略基调。图 5—1 所示的是美国高科技初创企业在第一年和四年后的法定形式。

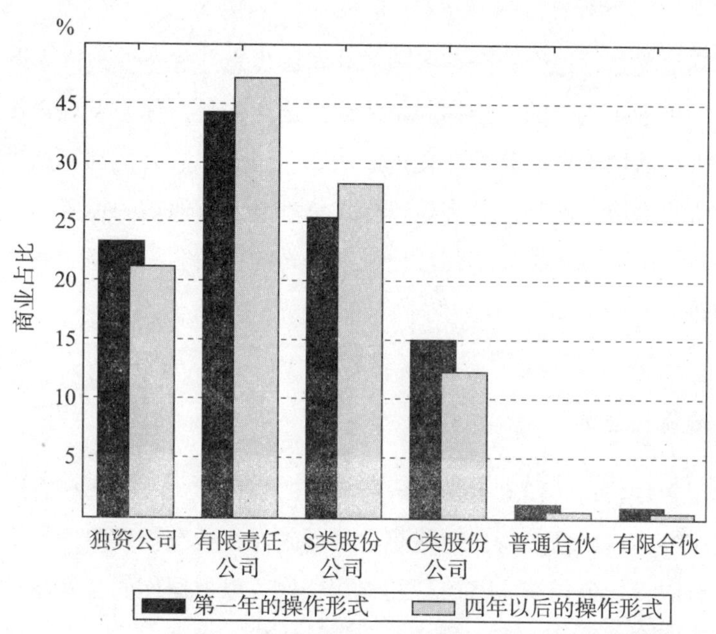

图 5–1　高科技初创企业在第一年和四年后的法定形式

数据来源：From Alicia Robb and E. J. Reedy, *An Overview of the KauffmanYoung Firm Survey*, 2004–2009, 2011, http://www.kauffman.org, and the Kauffman Firm Survey,2004–2009, 2011, http://www.kauffman.org/research-and-policy/kauffman-firm-survey.aspx.http://www.kauffman.org/research-and-policy/kauffman-firm-survey.aspx.

不管你选择哪种形式，你都可以选择在你的所在地或在特拉华州[①]注册成立公司。超过 63% 的美国财富 500 强公司会选择在特拉华州注册，但实际上只有一个公司的总部在那里（杜邦公司）。特拉华州之所以成为合法公司的首选之地，有其一系列的原因，这些因素不论企业大小都平等受用。

① 原则上，你可以在任何其他州注册成立公司，但是这样的举动只会在非常特殊的情况下才有意义。

- 特拉华州普通公司法（DGCL）为美国企业提供了先进且成熟的法律依据。
- 特拉华州商业法院用商业案例法来阐明普通公司法，已经有 200 多年的历史了。

实际情况是，你会和全美各地的公司做生意。你会发现许多商业伙伴都是在特拉华州成立的。当你起草协议拟定合同时，你会发现合作双方都会尽量采用适用于自己公司所在地的法律，但大多数公司都愿意对特拉华法州的法律妥协。此外，大多数风险投资基金要求他们的投资组合公司在特拉华注册成立。在特拉华州注册成立公司的费用会稍微高一些，但这点钱值得花。

有限责任公司

有限责任公司（LLC）是美国最灵活的公司形式。你选择有限责任公司的法律形式，以便获得税收优惠，从而确保在所有权和治理政策上的灵活性。有限责任公司受一些法规的支配：你可以根据你的喜好建立企业结构，甚至所有权结构、资本构成表、人员构成、管理方式等方面也可以按照你的喜好来选择。你可以把限责任公司办得像个公司，也可以让它看起来像是个典型的合伙关系，并且你可以把它定义成一个混合体。

有限责任公司性质的定义取决于如何看待美国税法的方式。有限责任公司属于“过手税”（pass-through taxation）的范畴，即企业本身不缴纳所得税，但会以每个个体的所得税的形式存在。这听起来并没有什么优势，但它实际上是优化公司和个人税收支付的关键。

不幸的是，由于这种税收上的转嫁特性，有限责任公司在利益相关者特别是投资者当中不是很受欢迎。风险资本家不喜欢投资于有限责任公司，并在许多情况下被禁止这样做。如果你的企业特别需要第三方资本，那你应该认真考虑是否要注册 S 类（S corporation）或 C 类（C corporation）公司。

有限责任公司股权结构与治理方式。一切皆有可能。有限责任公司由其成员控制并所有。管理规范是在有限责任公司的经营协议框架下被定义的，这也构成了成员之间的合同。个人所有权水平体现在他拥有会员权益（membership interests）的数量上。

成员之间的投票权可以采用任何想象得到的方式。一个决定需要半数以上通过，或是全票通过，或是介于二者之间就可以通过。例如，在长远的财务决策或裁员的决定上，经营协议要求三分之二以上的成员达成共识才能通过，但在日常事务上只要过半数通过就可以了。

有限责任公司中有表决权的成员会选出一名或多名管理人员（member）。管理人员像董事那样从事管理活动。此外，受雇的管理人员经常持有公司的执行权，并负责日常业务。他可以额外指定任意数量的高管，包括 CEO。这些高管可以被赋予任何头衔，他们可以得到任何权限的职权和执行权。这些额外指定的高管可以是管理者或公司成员本身，也可以不是。有限责任公司不一定需要提名总裁、财务主管和秘书。虽然没有正式规定要求成员定期见面，但经营协议可以规定这种定期和强制性的会议。

额外指定的成员可以被重新定义，比如非投票的成员。一个无投票权的成员可以从公司的利润和收入分配中获得收益。但是，无投票权成员在收入分配是否摆在首位这类问题上并没有发言权，在其他公司事务上也没有投票的权利。

有限责任公司可以建立股票期权计划，但过程要比 C 类公司复杂得多。你必须从零开始制订计划。此外，激励性股票期权（ISOs）并不存在。虽然你可以在一个有限责任公司制订一个期权计划，但该方案并不能像在 C 类公司那样，得到优惠税收待遇（参见第 7 章开头有关“股权”的内容）。这不利于吸引那些期望得到股票期权和限制性股票的核心员工，但是对管理人员倒没有什么影响。

一位成员的离职，即使是以一种有友善的方式离开，对有限责任公司来说也是非常棘手的问题之一。经营协议需要详细说明离职成员能够带走多少所有权。在一个只有少数所有者封闭型控股的公司中，经常会有针对成员离职的股票回购条款。如果一名成员准备从高科技创业公司离职，那他理所当然地希望能够带着股票离开。在违背雇员意志的情况下和他解除雇佣关系，很容易演变成情感上和法律上的噩梦。创始团队最好确保有完善的规则来应对这种不幸的情况。在刚开始的时候，你越是小心谨慎地起草运营协议，在未来面对离职协商时，痛苦也就越少，即便存在专业上的分歧，你仍然可以保住一位朋友。在和共同创始人商榷这些规则时，请记住一点，你也有可能是第一个被踢出去的人。

有限责任公司“过手税”。如果你想节省费用的话，这很不错。有限责任公司不需要为所得的利润付税。相反，纳税义务会转嫁到各个成员上。简单地说，就是有限责任公司的利润是由成员根据其所有权所占比例来分摊的。在年度纳税申请日之前，公司对税收返还进行归档，并以 K-1 格式报告每个成员分享到的年收入以及保证款。该成员随后支付报告中所显示的所得税。

在任何一年或一个季度，都会发生以下任何一种情况。

- **分配收益。**该公司已有纯收入（利润），并决定将收入分配给其成员。个人成员会为所收到的钱支付所得税。
- **留存收益。**该公司已有纯收入（利润），并保持用赚来的钱作为公司的营运资金。在这种情况下，每个成员根据他的所有权份额比例，支付留存收益的所得税。由于成员要为他们没有收到的钱纳税，因此留存收益很容易引发公司主管和成员之间的矛盾。如果公司能负担得起，就应该每季度发给成员足够的现金，以便负担其个人所得税。通常这一点会被要求写进经营协议中。
- **损失。**公司在某一季度或某一年有了负收益。那么会在 K–1 表上会标出各个成员的损失（损失的程度和所有权占有程度成正比）。这类损失抵销了其他自营收入。

- **担保付款。**该公司为它的一些成员支付担保款，以酬谢所提供的服务。这些内容同样也出现在个人的 K-1 报表上。不同于常规的工资，担保款不能预支。担保款的接收人要为这个款项支付普通收入税和自雇税。

鉴于以上这些基本方案，有限责任公司的股东（member）和雇员（member-employee）相比，C 类公司的股东们享有更显著的涉税利益。最重要的是，有限责任公司的收入不用双重课税。此外，由于转让收入被视为自营收入，可以直接从个人中扣除未偿付的业务支出。

最后，此类公司可能有资格获得一定的税收抵免。税收抵免只能用于公司的收入。在有限责任公司里，税收抵免适用于股东的纳税申报，从而降低个人的税收义务。

C 类公司

美国的 C 类公司是由持有一种或多种类别股票的股东所控制的，这些股票是由公司的注册证书所定义。股票种类的不同，也会导致在投票权方面的不同，并且也会提供不同程度的清算优先权（liquidation preference）。创始人、高管和员工通常被授予普通股，而投资者通常持有优先股（preferred stock）。

由股东选举出董事会，负责管理该公司的事务。C 类公司的日常事务管理通常委托给该公司董事会所选出的高管来管理。

C 类公司的管理方式一般体现在公司的章程（bylaws）中。该章程规定了管理团队和董事会的权利。同时还规定了如何组成、选举董事会以及董事会和股东见面的频率等。

在 C 类公司必须任命一名主席、一名财务主管和一名秘书，但所有三个职位可以由同一人担任。该公司包括总裁和首席执行官[1]在内的管理人员对公司的日常业务做出决策。而重要的财务和战略决策在某些情况下则必须由董事会和股东投票决定。

董事会会议由董事长负责主持，秘书协助。董事会决议最好在会议前通过文本共享，从而使一些潜在问题可以提前解决。如果董事会议演变成一场争吵，只能说明高管们在之前没有做足准备。

私有 C 类公司不需要召开面对面的股东会议。只要大多数的股东提供了书面批准，股东决议就可以通过。但是这类公司需要在决议通过后通知到所有的股东。

出于某些原因，C 类公司在公司治理方面的大部分手段都已被使用。然而，除非你要上市或者其他投资者发起恶意收购，否则监管者只会从形式上审查那些限制你如何选择经营自己公司的强制性条款。例如，原则上，董事会仅任命单个成员也是可以的。假设你自己是董事会的唯一董事，你的生活似乎会变得很轻松。然而拥有其他董事的好处是他们能够在处理业务过程中起到很大作用。你可能不喜欢他们的言论，但你要认真对待他们的全情投入。

同样，试想一下在年度股东大会上面对愤怒的股东，这个场景可能会令人望而生畏，但这些会议是反思过去一年的绝好机会，也是和员工及其他股东沟通的好机会。

请注意，本章所讨论的三种法律形式都是有限责任公司，这意味着股东不对超出他们所拥有的股票价值承担责任。如果公司破产，股东不承担其他债权人的损失，如银行和供应商。换句话说，如果你或你聘请的 CEO 对公司管理不善，你也不会失去自己的房子。这一条对股东来说，在法律上是正确的，但实际上并不适用于董事和高管。因为，如果该公司

① 请注意，如何任命一个首席执行官并没有要求。

无法支付薪资，公司的管理者和董事就要对工资和薪水负责。

S 类公司

S 类公司最好理解为 C 类公司和有限责任公司的混合体。S 类公司的公司结构和管理原则和 C 类公司相同，但纳税义务则按照有限责任公司的模式进行。因此，S 类公司并不像有限责任公司有那么多的管理选择，但是更容易理解，安排起来更快。S 类公司均须委任高管，定期举行董事会会议并安排年度股东大会。

像有限责任公司一样，S 类公司不收公司税。相反，他们将所有的收益流转到股东手中，由股东缴纳所得税。像有限责任公司的股东一样，S 类公司的股东在接到留存收益的税单时通常会感到很生气。

要获得 S 类公司的资格，公司必须递交经所有股东签名的 2553 报表（小型商务公司推选），它必须满足以下要求：

- 该公司必须是美国境内的公司；
- 公司只能有某些类型的股东：个人、某些特定的信托和地产股东，不包括合伙企业、公司以及非居民类外籍股东；
- 公司最多只能有 100 个股东；
- 只能有一类股票；
- 某些类型的企业没有资格申请，其中包括某些特定的金融机构和保险公司。

公司在下列情况下注册为 S 类公司是一个不错的主意。

- **你希望你的创业企业看起来像一家 C 类公司，但操作起来更像一家有限责任公司。**你需要你的初创企业看起来像一家 C 类公司，但你又想享受过手税的优惠政策。一些投资者并不信任有限责任公司这种结构。投资者特别想知道他们在和什么样的企业合作，但是有限责任公司比较高深莫测。而另一方面，S 类公司的管理方式比较像 C 类公司，因此不用读 50 页经营协议也能轻易理解它。

- **你喜欢简单。**你想为你的初创企业建立一个简单的结构，不需要你亲自定义结构的每一个细节。独资企业是不需要有有限责任公司形式那么大的自由度开销程度。注册 S 类公司能够让你的公司迅速运作起来。
- **你的公司可能会在未来转变为 C 类公司。**你想让你的公司在未来可以转换为 C 类公司。虽然 S 类公司和有限责任公司都能转换成 C 类公司，但从机制上来说，S 类公司要更容易些。你只需写信给国税局通知撤销 S 类公司这个形式。但是需要提醒你的是，反过来是不行的，即一旦转换成 C 类公司，想要再回到 S 类公司或有限责任公司是很困难的。

魔法事业公司也是从有限责任公司开始的，最初几年这的确是一个不错的选择，那时我们为别人提供设计服务，并以此来赚钱。当我们渐渐转变为一家产品公司，并开始寻找风险投资时，我们把公司形式改成了 C 类公司。尽管此时公司仍然相当简单，但进行转化的一系列手续仍然非常繁琐。整个转化过程与其紧随其后的风险投资谈判，引发了初创公司的焦虑情绪，并开始反思："我们每个人到底能得到多少股票呢？我们的头衔是什么？"对于新的企业形式所带来的很多问题，必须再一次进行决议。

公司法规

公司身份只有通过几个重要文件的签署才能成立。有些合规必须在公司成立时所有人到位并签署完毕，而且所有人都要遵循这些合规。不过，这其中的大部分内容可能会在公司运营过程中被重新修订。

营业执照

营业执照也称为组织规定、公司注册证书或公司成立证书（LLC），它列出了公司的主要营业地、目的和类型，以及已发行的股份数量。要向州政府提交执照申请，并且要付申请费。特拉华州的公司要在特拉华州提交执照申请，并且必须限定在其主要营业地所在州做生意。在特拉华州成立的公司还要求支付两个州的成立费和年费。

公司章程

公司从一开始就要制定公司章程或经营协议。公司章程规定了公司管理和操作的细节。章程内容还包括董事会的组成、公司高管成员的数量和类型、管理人员和董事的选举程序、股东投票权、董事会及股东会议的程序。

公司章程备案是正式公司的组成部分。公司不需要在成立时就制定章程，但需要尽快签署，避免创始人或其他早期贡献者之间的误解。

股东协议

股东协议包含了投票权、股东的权利义务以及限制转让等相关方面的特殊规定。如果是有限责任公司，股东协议通常是经营协议的一部分。

股权证明

股权证明是发给股票持有者的，比如创始人、雇员或投资者。股权证明通常印在特殊的公司股票上，根据你的需要用普通打印机打印即可。

83（b）选择权

83（b）选择权【83（b）election】确保了限制性股票奖励（restricted stockawards）的税收优惠政策（见第7章开头有关“股权”的内容）。选举在发行限制性股票的 30 天内由个人股东提出。该选举权只针对可被公司回购的限制性股票，更确切地说是公司授予的股票中员工实际取得所有权的部分。

税务表

对于税务表格和税务申报，美国各州有不同的要求（参见本章“簿记和税收”部分）。你应该确保在公司成立后，以最快的速度提交纳税有关的文件，以保证公司的合规性。州政府有很多综合性网站，网站上列出了各类具体提交要求。毕竟，这是他们的赚钱方式。

记录簿

记录簿包含有很多正式文件的副本，如公司营业执照、章程、股东会议、董事会议等合规问题的所有正式文件的副本。这是与公司治理相关的重要文件的存储库。以下清单包括了文件、事件、需被记录的决定等内容，非常有助于确保公司的合规性：

- 营业执照和任何修改；
- 公司章程和任何修改；
- 批准董事会会议记录（在一个会议上做出的，通常由秘书记录，由董事会在下次董事会会议批准）；
- 理事会决议；
- 股东会议记录簿；
- 股票和期权协议；
- 股权证书（除非他们被赋予股东）；
- 期权凭证。

记录簿可以放在律师事务所或你的办公场所。

相对于企业和行业的其他许多监管要求来说，公司法规算是相当便宜的。请阅读以下所列的法规方面的事项，并想想哪些是你应该担心的。

- 电磁法规。由美国联邦通信委员会（Federal Communications Commision，FCC）认证，世界其他地区的规定也类似。
- 美国食品药物管理局（Federal Department of Agriculture，FDA）的批准。
- 有关铅方面的法规（在欧洲销售的电子产品的强制法规，事实上在任何地方都需要）。
- 制造和实验室环境的许可证书。
- 犹太洁食认证（如果你是在食品行业）。
- 出口相关的法规（不能运往少数几个国家的，但这只是很多法规中的一个）。
- 危险品运输或国际运输（谁曾想到，运输是这么难的事）。

无论你的清单有多长，都不要气馁！请记住，你的竞争对手面对的也是同样的规则，你比他们更聪明，做得也更好。如果你所有的事都办妥了，那么你就非常有优势，你可以充分利用竞争对手在法规方面的弱点来打败他们。客户最讨厌的就是被拖入不完善混乱的各种规定里。

几年前，魔法事业公司的某个竞争对手打算在没有 FCC 认证的情况下运输收音机。有人（不是我们）将此事向美国联邦通信委员会和媒体告发。这真是一个大丑闻！该公司创始人兼 CEO 因此失去了工作，这家公司也不再是我们的竞争对手了。

簿记和税收

一般日常的簿记自己做很容易，也很容易外包。如果你想聘请了一名会计师，那就会律师事务所的情况一样，小型会计师事务所收取的费用明显低于大型事务所。无论你是否聘请专业会计师，你必须要买一个会计软件包，设置好账户结构，并开始制作分类账目。软件会强制用户使用复式记账和其他较好的方法。这些软件之所以存在必有其优势所在，你不用太详细地了解原理，只要会用就好。至于一些非常专业的内容，软件都能帮你做好。

个人纳税申报是一件麻烦事，对一家年轻的企业来说，企业纳税申报也不是一件轻松的事。幸运的是，你不用立马支付太多的企业所得税。因此，只要确保按时提交，就能免除麻烦。

如果你经营的是 C 类公司，并且处在正现金流的可喜局面，那就要注意双重征税陷阱。你可以在年底通过把所有剩余的现金，以奖励的形式（汇报在 W-2 表格上）支付给高管和员工。这样，该公司没有报告任何利润，因此也就不用交公司税了。①

如果你经营的是有限责任公司或 S 类公司，美国国税局提供了一个强大的工具，以保持小型企业的税收在最低水平。你有两种计税选择——“现金收付制”和“权责发生制”两种计税选择。

现金收付制计税。意味着你在某年 1 月 1 日到 12 月 31 日之间支付正现金流税。而实际上，现金流是如何产生的并不重要。

不论你是否延迟交货，还是你的客户欠你款项，或是你得到了一大笔预付金，这也都无关紧要。重要的是，在交易中有多少现金流进和流出。因此，如果你想在某一年少交点税，那你需要做的就是减少你的净现金流。给你的客户一个惊喜，要求他们推迟到新的一年再打钱给你；或再给你的供应商一个惊喜，提早付给他们服务费！

① 通过这个方法，在超额的补偿方面能得到一定的规律，但它们通常并不适用于生存模式下早期初创企业。

权责发生制计税。这是基于服务和产品交换的次序，而不是支付的时序。如果你在 12 月销售了产品，而你的客户没有在 12 月 31 日之前支付，那么与销售相关的收入仍然要在产品发货的年度纳税。如果你在 12 月购买并接受了服务，而你没有在 12 月 31 之前进行支付，那么费用还是要在接受服务的年度内扣除。

美国国税局限制使用现金收付制的计税方式。如果你的公司赚的钱太多或者如果你的企业在进行库存销售，你就不能选择现金收付制的计税方式。但是，假设你能避免这两个限制，现金收付制的计税方式，对那些有少量正现金流的公司很有利。

除了申请和缴纳所得税外，你还要负责以你的名义向你所在的州缴纳销售税。而且，如果这还不够的话，当你给任何人支付薪水（包括你自己）时，你还要负责扣缴员工的所得税，这是下一节的内容。

薪资和法定福利

发放工资、代扣税、发放法定福利这些事项都相当复杂，很容易让人不堪重负。当我需要发放魔法事业公司的第一份工资（也是我的第一份工资）时，我很焦虑。事实证明，薪资服务可以帮你解决这些麻烦问题。薪资服务公司一般收费比较合理，不会坑小企业。试图自己在企业内部处理薪资事务无异于自杀。薪资服务公司通常提供以下任何一种服务，但最典型的是捆绑服务：

- 周薪、双周薪、每半月或每月的工资单处理（请注意，美国有些州规定了工资单处理的最小频率）；
- 州和联邦所得税扣缴；

- 发放工资支票或直接存款到员工的银行账户；
- 奖金和其他特殊付款；
- 报销差旅费及其他费用；
- 扣除退休账户社保金；
- 扣除灵活支出账户（FSAs 金融服务业条例）；
- 年终 W-2S 税表的上报；
- 其他的税前扣除项目，包括员工个人所承担的部分费用、医疗保险；
- 根据员工的各自要求，提高工资扣缴费；
- 员工离职时的最终工资支付。

为了凸显自己的与众不同，一些薪酬服务公司会将附加服务添加到服务捆绑包。在推销产品的时候，通常会说自己的捆绑销售服务包涵盖了人力资源方面的全部范围。然而，很多原因都表明，在企业内部甩掉人力资源部门是不现实的，同时增值服务可能会让你付出昂贵的代价。以下是一些你可以考虑购买的辅助服务：

- 人力资源咨询热线；
- 人力资源相关的法律服务；
- 多个州的工资单处理；
- 劳工及福利法规管理；
- 政策和指导手册的支持；
- 绩效管理；
- 薪酬管理；
- 招聘和选拔；
- 风险和安全管理；
- 培训；
- 领导力开发；
- 留用管理。

保险

你可以为你的羽翼未满的公司购买任何类型和数量的保险，但保险并不能让你脆弱的小企业避免灾难。先把所有的必须要买的保险买到位，再慢慢有选择性地买其他保险。当你的公司价值数百万美元时，再买那些更合适的保险也来得及。

从保险公司和经纪公司获取报价通常都是免费的。你送出去的报价请求越多，你就越有可能到最好的交易。一个好的经纪人可以帮你评估业务中的风险，理清以下各种选项，为您节省大量的时间。

- **工伤补偿保险。**由政府全权监管的强制性福利。无论你选择什么样的保险公司，这方面的协议都是一样的。如果员工在工作中受到伤害，公司要支付补偿。保险费由员工、工作职位和工作描述等综合因素来决定，同时也和公司的业务类型有关系。幸运的是，高科技公司属于最低保险费范围。
- **一般责任险和财产险。**当你自己是房东或与极其重要的客户一起合作时，你就需要一般责任险和财产险。如果没有财产保险，你就无法获得租约。如果没有责任保险，没有客户会给你一份实质性的合同。通常情况下，你可以把基本的保险都覆盖到，然后再把那些额外的保险加到保险附约上。
- **董事及高级职员保险。**接受过风险投资的企业通常需要这类保险。虽然保险费很高，但对创始人团队是有积极意义的。因为一般捆绑销售的保险范围已经包括了整个公司、创始人，甚至是高管或董事也能受益。
- **关键人物保险。**此保险与人寿保险基本相似，但不同之处在于，此保险是公司支付保费，而且指定了受益人。公司购买关键人物保险，以减少因创始人或关键人员的死亡、丧失工作能力等所造成的损失。尽管金钱不能取代创始人，但它可以帮助缓解困难局面。保费在很大程度上取决于被保险人的年龄和健康状况。
- **错误和遗漏保险。**该保险是责任保险的特殊形式，是为某一服务的实际性能或产品的功能性投保。年轻的公司往往忽略的一点是保险单买起来很昂贵。

部分原因是没有保险公司愿意为一家没有业绩的初创公司写这样的保单。

- **旅行保险。**该保险保障员工出差安全，也确保他们生病或死亡时能够被带回家乡。
- **知识产权侵权保险。**该保险在涉及知识产权的诉讼案中能够保障公司权利。它并不便宜，但它可能在某些偏好诉讼的行业和情景下会具有意义。
- **就业实践责任保险。**该报险可以保护公司及其高级人员免受雇员、前雇员和潜在雇员的索赔。索赔涉及与就业相关的指控，包括歧视、性骚扰和非法终止。

另外，您也可以善待你的员工，以避免此类索赔。为什么不把这些能省下来的保险费花在公司郊游和一些奖金激励上呢？

办公空间

无论你年轻的技术公司规模有多小，都需要有个地方。事实上，公司越小就越需要凝聚起团队的集体力量，并创造一个能够激发员工互相帮助克服困难、突破障碍和解决疑惑的办公氛围。

车库办公

对于初创公司来说，在车库、家庭办公室或其他私人地方工作不乏是一个很棒的选择。但是，在占用某位创始人的房子的时候，要注意一些常见的陷阱。

- **你们应该要待在一起，至少在正常的办公时间里。**年轻的企业需要由一群人一起去创造，只有在一起才会产生很多正能量。当企业未来尚不明确，联合创始人也还处在选择他们的个人事业和未来经济状况的时期，近距离的接触对团队来说有着很重要的作用。因此，设法尽可能在一间办公室工作，巩固你的团队，空间形式越不传统越好。如果你选择一个车库，请确保每个人都能舒适地工作。

- **不要滥用联合创始人的好客。**如果一个团队成员慷慨地提供了他的房子作为临时办公场所，请确保不逾期逗留。不要滥用他的慷慨，让你的公司成为他的负担，免得你最终同时失去宝贵的联合创始人以及办公场所。
- **不要成为一个（收取高额租金的）贫民窟房东（投机者）。**在追求有价值的和具有挑战性的目标时，员工可以在很有限制的环境下工作一段时间。然而，让人不舒服的办公室环境会成为一个制约因素。当你的团队的工作效率因为办公空间问题而开始下降，空间的狭小已成为公司发展的阻碍时，作为一个领导者的你一定要注意保持警觉，提前意识到这个问题。

如果你遇到了这样的问题，那么就要着手去弄一个更大的车库。确保这个新的空间有一间厕所、有独立的环境和有效的供暖系统。请不要在进入新的办公室时，还要越过创始人的沙发。保证有足够的桌椅，没有人会愿意坐在别人腿上办公的。开放式的空间有助于团队合作，但一定要提供一些合理的隔音角落，以便员工可以在那里接听私人电话或者进行私人会面。

共享办公设施

在许多方面，提供全方位服务的办公设施共享，跟车库的状况是完全不一样的。想想现在是住在豪华公寓而不是一顶帐篷里。当你决定你宁愿每天前往一个专门的办公场所，而不是在你的餐桌上工作时，这会是成长中的高科技企业的最佳选择。比如魔法事业公司，我们就在剑桥创新中心（CIC）租用了一个大约122平米的空间5，该中心为年轻公司提供5A级的全方位服务设施，设施齐全到相当于麻省理工学院的一个街区。

CIC是作为一个孵化器开始的，但它不得不在互联网泡沫破灭后，大

幅调整其经营模式。从那以来，该公司就一直为初创企业和需要设施的小企业充当房东和服务机构。CIC 已迅速成为剑桥人和波士顿人初创公司的重要组成部分，也成为了世界各地共享办公空间机构的榜样。该商业模型是基于以下这些重要的理念建立的。

- **最大限度地提高灵活性。**初创企业能迅速增加或减少他们的占用空间。因此，CIC 建立了灵活的空间形式，通过可移动的墙来进行空间划分。一个空间适合四到五人一起工作。一旦一家初创企业需要扩大，就可以打开下一个空间。由于空间的配置方式和家具都是一样的，对业主和租客来说移动和扩展都很简便。
- **一个好的位置比额外的空间更有价值。**CIC 位于剑桥的商务区，毗邻麻省理工学院，靠近很多高科技和生物技术企业，拥有可直接通往波士顿的主要地铁线路。该位置可以帮年轻企业找到那些需要方便上下班或者需要和 MIT 合作者交流的员工。
- **如果你可以分享，为什么还要有自己的复印机呢？**如在会议室，打印机、复印机、IT 基础设施、网络以及食品和电话这类资源都可以共享。会议室不一定一直都借用得到，但是让我们来面对这个事实，会议室其实和一个私人办公室也没有什么不同。共享资源的最大优势是无论租用空间多大，公司都能享用到这些资源。事实上，一些公司设置共享空间的唯一目的是有足够的空间进行会客。
- **无需忍受寂寞。**早期阶段的创业者会感到寂寞，因为没有太多员工能够谈心，而且他们的家人可能早已把他们当成了疯子。在共用厨房，能够很容易与其他创业者和同样孤单人聊天，这样也有助于保持一定程度的社会交往。

在共用空间中设立私人的办公空间要花费普通办公空间两倍的价钱。但是，当你在比较这两种选择时，请记住，这里所有的共享设施是不需要额外付费，包括空间的实际经营成本。当你比较同类办公设施时，你会发现共享办公空间对超过一百名员工的大型组织来说依然具有成本竞争力。

转租

2001 年，在剑桥内部及其周围的大量网络公司的办公室都可以租用。当我们参观各种转租的空间时常感到无比敬畏，这些公司大多装饰得非常壮观和时尚，有些仅仅是在我们造访前几个月建成的。让我们来领略一下这种绝对的奢侈：巨大的台球桌，有天鹅绒沙发的酒吧区，两层高的圆型楼梯，会让美国中央情报局（CIA）为之骄傲的隔音会议室。还好，这些没有用处的设施周围，有齐全的格子间和办公场所，许多空间可以八折的优惠价格出租。

当市场对办公空间的需求下降时，大房东不想放走要长租的租客。一家大公司突然多出了几百平米的空闲空间,在租赁期（从 1 年到 9 年不等）结束前都还不得不为此支付租金。不过还好，该公司拥有转租的权利，它通常会接受任何能帮助它承担经济负担的协议。

转租协议往往要比普通租赁更有创意和包容性。在你与之签约之前，尤其是在市场很低迷的时候，请坚持以下几点原则：

- 前 12 个月的免费租赁（视租期的长短）；
- 在租赁期限中慢慢增加租金（从第一年一个非常低的租金开始）；
- 带家具的空间，包括柜、桌子、椅子和 IT 设备；
- 包括公用事业保障（电力、保洁、暖气等）[①]。

我们都不希望很快就要应对另一场经济危机。然而，如果糟糕的经济危机再次袭来，至少你可以期望找到划算的转租机会。

假设过去的租户或房东没有留下家具，普通家具和格子间会花掉你很多钱，除非你可以自己做：从宜家买一个木制门和四条桌腿大概仅需 60

① 在写本书时，剑桥的商业地产正经历一个前所未有的热潮。库存率为历史最低，租金也不断飙升。不要指望这个时候还能讨价还价！

美元。你把这些材料组合起来，并从二手家具店添置一把椅子，你就有了所需的家具。

当魔法事业公司第一次搬进正规的办公场所时，我的几个同事几乎把波士顿方圆 30 千米范围内的每家家得宝店里的门采购一空。我们还发明了 10 种不同的切割和抛光的方法，来组装不同类型的书桌，于是创造出了一个兼具功能性和舒适性的完美办公空间！

THE TECH ENTREPRENEUR'S SURVIVAL GUIDE

公司管理

第 1 课

雇用一家小型的法律和会计事务所。小型事务所收的费用会少很多，同时提供更多个性化服务。

第 2 课

仔细评估是否要注册为有限责任公司、S 类公司或 C 类公司，并与律师讨论你的计划。

第 3 课

不要让法规性问题成为你创建公司的阻碍。老老实实地做完那些法律要求的事，最好勤快一点，但你的竞争对手也要经过同样繁琐的过程。

第 4 课

雇用一家薪资服务公司来帮你操作公司的薪资发放事务。

第 5 课

只为你的初创企业购买强制要求的保险，因为保险并不能帮你避免可能遭遇的风险，也没法帮你免除所面临的生存威胁。

第 6 课

资源共享型办公空间是年轻的高科技初创企业的最佳选择。这些空间不仅更经济，还能缓解创始团队的管理任务和内心的忧虑。

06

薪酬与补偿

钱买不到快乐，但没钱也不快乐。

利奥·罗斯滕（Leo Rosten，1908–1997）

一家初创企业的顺利发展有赖于个人对公司的付出，同时也有赖于公司对个人的投入。当然，无论是公司还是个人都会有处境艰难的时候。如果初创企业与其核心成员同时陷入困境，那么企业的末日也就不远了。如果这样的不幸真的发生了，公司的资源倒可以帮助稳定个人状况；同样地，如果创始人和执行官善于权衡且具有行动力，那就能帮助年轻企业渡过困境。

所以当你在制定公司的薪资结构时，请记得关照你的早期员工，这样他们反过来也会关照你和公司的。

股权：创业者最重要的货币，但请问兑现率是多少

一旦你创办了企业，你和你的合伙人就拥有了不说全部也是大部分的公司资产。这是一个很好的开始，但很矛盾的是，只有当你愿意放弃一些珍贵的股权给关键核心员工时,这样的资本构成才能真正帮助你顺利起步。

也就是说，只有当你同时给他们股权激励或者其他期权奖励时，你的初创员工才会愿意拿着低于市场价格的薪资为你工作。只有当你愿意放弃优先股或发行可转换债券的时候，你才能吸引到天使投资。初创公司的建立需要你放弃一些股权，而不是抓着所有的股份不放。你的目标应该是以低于股票升值速度的节奏释出这些股本。

对于某些初创公司的员工而言，股权激励是一种不错的代替薪水的补偿。而对另一些人而言，股权是加入一家初创公司唯一的理由，因为股权是你在大企业工作里拿不到的，它可以让人富裕，让你的生活发生改观。在你准备慷慨地让所有人开心之前，让我们先了解一下几种不同的以股权为基础的工具，了解一下如何释放股本。

受限股票

受限股票（restricted stock）是指受某些特定限制的股票，比如股份行权计划受限或者可转移性受限，这主要是为降低股票持有人在股票可行权前就离开公司而为公司带来财产损失风险。受限股通常在初创公司还估值很少时分配给创始人及核心团队成员。被分配到的股权需要几年时间才能“挣到”,即行权。受限股激励比其他股权激励方案有着显著的税收优势。

公司成立后，一般会立即决定发行多少股票。最初的股票可以按票面价值发布，发行价也可能很低，甚至低到以分为单位[①]。而接受这些创始

① 准确地说，持有人根据股票在授予时的公平市价和股票价格之间的差额来支付所得税。

股票的人需要支付相应的税后款项给公司，所需支付的总额即使对于刚从学校出来的创始人来说也是微不足道的。

在发行和购买股票的30日内，员工需要向国家税务局提交一份83(b)选择权。通过83(b)选择权，股票的受赠人申明他是按照所获赠股票时的价值（而不是行权价）来支付所得税的[①]。多年之后（当股票被售出时），个人需基于收益（即获赠时候的股票公平市价与卖出时股票的差价）来缴税。

重要的是，一旦你提交了83 (b)选择权，就意味着在股票授予时启动了股票的资本收益时钟。在购买一年之后，股票就具备了长期资本投资的资格。如果股票在一年之后被售出，受赠者就要缴纳与传统所得税相比更高的资本收入税。

通常情况下，公司早期阶段所发行的受限股受到反向归属规定的保护，即所有的股票在第一天都被赠予出去了，但如果受赠者在股票行权限制期结束之前离开，公司有权以原始赠予价格回购这部分股票。

在公司后期阶段，要发行受限股会困难得多。当公司经历过一轮融资后，每只股票都有了一个明确的定价。到那个时候，受限股股票这类奖励对受赠者而言就是一个巨大的经济负担。多数雇员和管理者并不乐于出钱去购买一个在未来可能一文不值的股票。尽管如此，创业后期的企业向雇员发放受限股票依旧是有可能的。

- **方案A：我们非常大方地允许你购买我们的股票。**公司以市场价格对个人出售股票。雇员需要在购买时支付股票的公平市价即可。然而，雇员出钱购买股票也是有风险的。如果公司正处于下坡路或者公司在被收购时的卖出价格低于所购买时的价格，那么接受者就会损失投资资金。
- **方案B：我们免费给你股票，但是我们不帮你缴税。**公司以低于股票公平市

① 准确地说，受赠者是根据受赠时股票价格和后来的股票公平市价之间的差价来支付收益所得税的。

价的价格向个人出售受限股票，甚至可能以 0 元的票面价值出售。在这种方式下，接受者只需向公司支付极少的钱。然而，美国国税局意识到受赠者得到了一笔补偿（接受股票时按股票公平市价计算出的价值）。因此，个人需要依股市的公平市价来缴纳（少于支付给公司的）个人所得税。

在以上两种方式中，如果股票在一年之后以高于购买时公平市价的价格售出，受限股票的接受者就会从长期资本得利税中获益。

一些公司制定了复杂的借款体系，高管们可以在股价变贵后仍能购得受限股。例如，一个公司决定通过个人批贷来购买受限股。这种补偿方式在一些市值看似能走高的高科技创业公司中非常流行。

不幸的是，当事情没有按计划进行时，这种体系可能会带来灾难。如果股价在分配后下跌，管理者就会欠公司很多钱，而代表股东最重要利益的公司则需要收回贷款。我们尝试去建立一种复杂的体系，以确保雇员可以从受限股票奖励中获得税率优待，当然个体投资的风险还是相当大的。

激励性股票期权

如同名字一样，激励性股票期权（incentive stock options, ISOs）是为了激励公司的创始人、管理者和雇员而设立的股票期权。国税局为此建立了一种特殊的税率规则，让激励性股票期权的对象能减轻税率风险（与其他股权计划相比）。激励性股票期权只能由公司来授予，也只能被公司当前的雇员所拥有。

期权是按约定的行使价（strike price）发行的。激励性股票期权的行使价需要与在购买时与标的股票公平市价相符。而激励性股票期权是典型的普通股期权，普通股的定价会比投资者购买的优先股低。

为了尽可能地让期权的行使价格低，你会尽可能地降低公司估值，当你想全力以赴贬低公司时，这是为数不多的机会。来吧，说出你公司成立以来已经历的挫折：少的可怜收入、疲软的市场、激烈的竞争以及产品的延迟发布！任何你能想到的负面证据，你都能用来贬低公司的股票和期权的价值。

还有一种情况涉及优先股和普通股之间的价值差异。具有讽刺意味的是，这之间的差距越大，你的股票期权激励就越有吸引力！优先股股东通常享有一长串的特殊权利，包括特别投票权、赎回权、董事会席位、转换权、反稀释条款、优先取舍权协议、信息权以及最重要的一条——清算优先权[①]。这些规定使优先股明显比普通股更有价值。但普通股的标价可以比优先股低，甚至仅为优先股价格的一小部分，这可是非常重要的！尤其当你的公司正经历艰难时期，而你却看不到你该如何管理使它的估值超越清算优先权价值时。你把股价和期权行使价格压得越低，你的激励性股票期权对于雇员而言就越具有吸引力！

每一次股票期权发行都是由董事会批准的，需要提交最近的估值报告，也就是 409A 价值评估。你至少应该每 12 个月对股票进行一次重新估价——如果业务上有重大变化发生，那估值次数也应该相应增加。激励性股票期权的接受者可以在以下 3 种情况下行权。

- **“为一家成功的初创企业工作是一件很棒的事！”**如果某位拥有激励性股票期权的雇员在其雇佣期内，公司发生控制权变更事件，即清算事件（liquidity event），他将会从标的普通股市场价值与股票期权行使价之间的差额中获利。如果是现金偿付的话，接受者需基于收入支付普通所得税。如果股票持有了一年及一年以上，持有者能从资本利得税税率中获利。但如果股票价值低于期权行使价，那就拿不到钱了，当然也不用缴税。
- **“我要离开了，但我相信他们没有我也能成功。”**如果拥有激励性股票期权

① 优先股和普通股之间的公平市价的差异，会随着经济条件和由国税局提供的指引变化而不断变化。请与会计师或审计师商讨你的具体情况。

的雇员与公司的雇佣关系终止，雇员在离职后有三个月的时间来行使他的权力[①]。在行使期限结束前，离开的雇员需要作出判断，即该股票将来是否会值钱。在某些情况下，做决定是容易的，但更多情况下不是，离职雇员不会为股票买单，股票的真正价值也完全未知。

- **"这太冒险了，但我最好还是采取行动节省税收。"** 拥有可行权股票期权的持有人决定行使他的激励性股票期权时，即开启了资本获利的时钟。在行权期，行使价与公平市价之间的差价是按校正性最低税（alternative minimum tax，AMT）来缴纳的，而不是按所得税缴纳。当雇员将来卖出股票时，他的资本利得税按行使价与公平市价之间的差价缴纳，这时距离他激励性股票期权行权已经过去至少一年了。如果不到一年，收益将按普通收入所得税征收。

然而不幸的是，如果从行权日到出售日期间股票价格下跌，这个策略可能完全适得其反。互联网泡沫的破灭迫使某些创业公司 ISOs 持有人为那些一文不值的股票支付 AMT 税赋，导致他们最终被逼破产。

无条件股票期权

无条件股票期权（nonqualified stock options, NQSOs 或 NSOs）是指没有限制的期权，且可享有 ISOs 的益处。他们可以向任何提供服务的个人发放，包括咨询和顾问公司。和 ISOs 一样，NQSOs 的行使价格通常会等值于发放时标的股票的公平市价。在大多数情况下，NQSOs 会在清算事件发生时行权。持有者赚取行使价与行权时（标的）股价的差额，并在拿到钱后支付普通所得税。NQSOs 存在有效日期，但不必在受益者与公司终止合同之日起的三个月内行使。

NQSOs 在补偿创始人或其他相关特定的、关键的、有风险的服务方面是一个相当有用的工具。例如，如果一个创始人的个人财务状况允许他给公司贷一大笔款，而他又愿意为公司的利益冒巨大风险的话，他就值得

① 公司可以和要离开的雇员达成一个协议，以延长其行权时间，可达 3 个月以上；然而，在这种情况下，激励性股票期权（ISOs）会自动转换成 NQSOs（在下一节讨论）。

被授予 NQSOs。又例如，一个创始人为公司创造了大量的有形或无形资产，如重要的 IP（知识产权），那么 NQSO 就是最好的回报。

除了股票和薪酬外，公司可以以这样更快速而灵活的方式，针对创始人的杰出贡献给予其相应的补偿；同时又可避免造成创始人之间的等级差异。

认股权证

认股权证（Warrants）和 NQSOs 的运作机制是相似的，但它们分别在不同的环境下使用。认股权证像 NQSOs 一样，通常在发生清算事件时行使，并按普通所得税缴税。

认股权证主要用于为投资者、债权人或渠道合作伙伴创造额外的好处。如果银行给具有风险的初创企业贷款，认股权证可发放给银行作为补偿。权证被用来激励那些短期投资者在一轮按比例投资之后追加的额外投资，尽管公司的业绩可能会相对滞后（如果你看好将来的话）。

认股权证不属于本公司的股票期权计划所管辖，因此提供了更多的合同灵活性。例如，认股权证可通过普通股发行，也可通过优先股发行。

待权条款、阶梯待权条款和加速待权条款

股权授予往往要遵从一些条款，以这种方式来保护授予人从受赠人那里获得最大的价值回报。最值得注意的是，股权授予受制于股权兑现条款，这意味着个人需提供服务作为交换，从而在一定期限内挣得授予他的股权。

待权条款：天下没有免费的午餐，连创始人也不例外

尽管有一些法规或具体规则规定了股票兑现的时间表，但这仍是一个值得认真思考的问题。标准的兑现时间表既可以股权激励计划为基础执行，也可以根据个别情况来变更赠予协议。可以针对高管和普通员工来制订不同的计划，但应尽可能保持股票兑现时间表的一致性。

创始人股票的待权期（vesting period，也称为等待行权）设置应基于以下两点考虑：（1）公司的创始人打算经营这家公司多久？（2）商业计划获得成功实际需要多长时间？ 如果周期太短，团队将没有时间来创造有价值的东西，而创始人会很快度过待权期，将不再会有动力激励他继续前行。即使留在公司有额外的好处，也不会有太多。另一个极端情况是，如果待权时间太长，创始人可能觉得在那里努力工作并不能获得有效的回报。于是创始人可能会离开，因为没有足够的股权兑现。

前者的问题会更严重一些，在发生后也更难解决。关于后者的问题，其实可以通过加速待权（accelerated vesting）来解决，接下来我们会讲到。

超过四年的待权期虽然不太常见。然而，却没有什么好的理由来解释为什么待权期不应该延长到五至六年。创始人和员工都应该意识到在早期获得股票奖励的好处，并能够接受他们需要在公司待足够多的时间来挣得股权的观念。

股票授予通常按月或季度进行。在每个待权期结束时，ISOs 持有人有权对额外期权行权，而受限股持有人有权保留所有可行权的股票（vested stock）。按月发放股权的方式可以避免员工人为操纵整个体系。如果员工不满意，他可以随时离开，而不会导致等到一个季度后，拿完奖励突然离开的状况发生。当然另一方面，授予股权的时间间隔较短，公司的行政负担会相应增加。

阶梯待权条款：中途退出就拿不到回报

期权和股票计划通常会等到雇员加入公司满 1 到 2 年后才会提供阶梯待权条款 (Cliff Vesting，也称崖式赋益)。而在此之前(工作满 1 到 2 年之前)是不会授予任何股权的。

阶梯待权条款可以防止一些新雇员为了持股而只在公司呆很短的时间就离职。不论是出于行政管理原因还是公平的原因，公司都不希望员工拿了股票却不工作。相反，公司更希望和他们完全断绝关系且不用付赡养费（alimony）。

阶梯待权条款为公司和员工们都设定了一个试用期。阶梯待权条款也适用于创始团队，尤其是在不确定公司度过初创期后哪些人会留下来的情况下。对创始人来说，最早的股权授予时间可以考虑在大家提供实际服务之前，早于实际授予应该开始的时间。如果创始人在公司正式成立之前，就作出了杰出贡献，那么在开始合作的时候，就可以宣布一定比例的创始人股票可行权。

加速待权条款：如果事情做成了，那就让我们慷慨一点

加速待权条款通常在企业控制权发生改变之时，其中包括加速待权条款的股权奖励的规定，这主要出于以下两个原因考虑。

- **避免清算事件的不公正。**举个例子，一个管理团队高管最近才加入公司，因此他没有可行权的股票。而这位高管却对公司准备和执行收购非常有帮助。那么加速待权条款就能在此清算事件发生时起到作用，以确保让这位高管的部分股权转变成可行权的股票。
- **鼓励核心人员去积极争取一个适合的退出机会。**唯一会让他们改变退出这个想法的只有一件事，那就是他们的股权没有充分兑现，这样在并购时会损害到他们的利益。

如果使用得当，加速待权条款是很有意义的。但是，如果为了个别利益相关者的利益而有选择性地使用，这样加速待权条款可能会导致团队成员之间的不公平。特别提醒，具体条款很容易隐藏在合同的法律术语中。例如以下的例子。

假设 JonCo 公司的两位创始人和一位 CEO 分别得到了 40%、40%和 20%的股份。这些股票被限定在四年内按月兑付。此外，该公司的 CEO 为本人加入了一条可以 100%加速待权条款，声称那是业界关于他这个管理职位的通行标准。公司在 12 个月后被卖掉了。由于加速待权条款的规定，在控制权变更时，有效的股权将变为两位创始人各 25%，而这位 CEO 却获得了 50%的股份（因为两位创始人各得到公司整体股权 10%，而 CEO 得到完整的 20%）。这显然不是最初的创始人股权奖励的意图。

创始团队应该记住，当高管谈判待遇时，说那是业界标准的话，那他可能就是夸大了他的那部分。所谓的业界标准在特定情况下并不一定符合现实。

关于加速待权条款有很多个版本，但最常用的版本如下：

- 当控制权发生变更时，50%的不可行权部分将立刻转变为可行权；
- 当控制权发生变更的，股票授予将会加速到 12 个月内完成。

有关控制权变更的定义，通常是指公司或其资产的出售、合并，董事会构成或选举权的变更以及公司清算事件等。IPO（首次公开发行，即上市）通常不会触发加速待权，主要是因为标的股票仍然存在，员工会在 IPO 后继续授赠股票。事实上，公司在 IPO 后会比以往任何时候都更需要其员工，关于如何保留员工的奖励办法，没有比兑现 IPO 股票和期权更好的工具了。

股权激励计划（协议）通常不会自动附带加速待权条款的。相反，加速待权条款倾向于个人谈判。在控制权发生变化时，如果买方同意，该计划通常会赋予董事会极大的决定权去加速待权任何或剩余的不可行权资产。

现金与福利

在小型高科技公司里是很难看到现金的。它很难挣，加薪很昂贵。这就是为什么初创公司通常会通过股权取代慷慨的薪水来吸引天才们。然而，我们中的大多数人都需要每天靠现金来维持生计，过着有尊严的生活。现实地讲，初创企业需要向员工提供足够的工资和福利，这样员工就不会再找别的工作了。我们称之为 20 世纪的高科技泰勒制（high-tech Taylorism）[①]。

现金短缺企业的现金补贴

创业者和早期团队中的成员对薪资期望和需求会有很大的不同。刚毕业的大学生会比较好说话一些，因为相对于学校补贴，这样的工资已经算是相当高了。而有配偶、子女和抵押贷款负担的高级行政人员会比较难以满足。

在魔法事业公司的创业早期，公司的薪水设定为每位创始人和核心管理层享受同等薪水待遇，以及在困难的时候同时加入薪水支付递延计划。这意味着 CEO 也会拿较少的薪水，而其他人则会得到相对优厚的薪酬。然后，我们通过股权划分来匹配不同层级的责任、经验和起始工作付出的时间。

① 泰勒制认为，企业管理的根本目的在于提高劳动生产率，而提高劳动生产率的目的是为了增加企业的利润或实现利润最大化的目标。

这种平等的薪水和同甘共苦的方法被证明有利于公司的现金流并能增强管理团队的士气。连首席执行官都领取相对低廉的薪酬时，还会有哪位高管会向他抱怨自己的薪水低呢？当然这也更容易引发集体关于涨薪的争议。看似每个人仅仅增加一点点薪水，但当公司人员多的时候，这一点点累计起来，整体的涨薪对公司就是个相当大的负担。

初创公司早期的现金流前景是不确定的。创始人和早期的执行团队都必须知道的是，没有办法预测未来可以获得多少资金，尤其是在股权融资前。与其冒着破产的风险去支付巨额的薪资，倒不如用适度的薪酬安排加上更多的奖金激励来得更安全、更富有建设性。没有规定说奖金不能按月支付，也没有规定和限制说什么指标可以触发奖金。只要有一个明确的关于奖金计算的规则，大多数公司就可以在创新的管理方式下生存下来[①]。

有一些贡献者、创始人和高管们处境可能比较好，完全不用现金薪酬。但这样的人很少，一般不会来。而且拥有很多个人净资产的人一般不太有斗志努力工作。因此，当有这样不需要现金薪酬但又有斗志的人来求职，请留住他。同时要做好准备来对付那些比起公司日常事务和未来发展来说，更关心自己的船、海景房或保时捷的高管们[②]。

福利

从传统角度来看，小公司提供的福利明显比大公司少。但只要有一点创新意识，这个结论就不成立。尽管某些关键福利花的代价比较大，但很多形式的福利能为员工带来价值保障，同时并不会给公司加重太多经济负担。有些福利甚至是免费的。

---

① 确保你不违反最低工资法！

② 小心违反工资和工时的法律，如果违反了可能要做出三倍的赔偿。当然，当你雇了一个只关心股权问题的百万富翁时，最低工资标准并不是你第一需要考虑的问题。此外，你永远都不会知道关系最终会走到哪一步，此刻看来慷慨和友好的贡献者可能会在公司或关系恶化时和你对簿公堂。

即使你的公司没钱花在福利上，你也能通过给雇员描绘一幅美好的愿景来激励他们工作。年轻的员工，特别是工程师，往往专注于他们的工作和生活中的实际问题，比如健康和健康保险等关键问题。这是好消息，因为你希望你的员工专注工作，而不是花宝贵时间去关注人寿保险！ 如果你能在关键福利上给他们提供更容易可行的选择（不管最后谁支付保费），你都是在帮助员工和公司！

下面的福利对个人而言是至关重要的，对公司而言也不贵，而且对初创公司年轻员工的生活质量有着很大的影响。

- **医疗保险**。对于这一福利，不管你怎么样都要花费很高的代价。如典型的企业医疗保障计划，雇主需支付绝大部分的保险费，剩下的由雇员支付。然而，这种模式或多或少都带有随意性，雇主也可以交很少一部分费用甚至不缴费。重要的是，雇主和雇员的缴费都是税前的缴费。因此，不管保费是如何分担，雇员和雇主之间的净现金支出是相同的。当然，在竞争激烈的市场中，求职者会比较关注和医疗保险紧密相关的整体薪资方案。

平价医疗法案（ACA）已经让小企业可以为其雇员购买到价格合理的保险。创业者现在可以在网上购买保险。改革确保了保险的便利性和可转移性，可以从一个计划转移到另一个计划。它也可以为目前已经存在健康问题的人提供保障。

许多员工有机会通过他们的配偶或合作伙伴来获得医疗保险。这样做可以帮你省钱，所以你可能会鼓励你的员工采取这种方法获得保险。在魔法事业公司，如果我们的雇员没有接受我们的健康保险方案而采用其他方式，我们会每月支付给员工 100 美元作为补助。

- **休假**。和其他国家相比，美国雇主在休假时间上已算是臭名昭著了，每年提供的休假少得可怜。初创公司的员工可能要在晚上、周末和有需要的时候工作。因此，只有给足假期，才对得起员工的额外工作量。

政策比较重要的一点就是确保上一年未用的休假可以转移到下一年。如果你不允许转移，那么雇员就被迫在每年结束前用完他们的假期，这很可能会发生在公司不方便让他休假的时候。如果你允许休假转移，那么员工倾向于积累假期，无需在一年中必须使用，或在工作紧张的情况下使用假期。可以基于公司的资产负债表制订一个休假计划。①提供有限天数的休假转移可以很好地解决所有的问题②。

- **雇员工伤保险和失业保险。**这些都是美国的强制性福利。幸运的是，每月的保费都在可以接受的范围内。
- **退休福利。**退休储蓄和福利计划有很多不同的形式。在美国，最常见的雇主资助计划是 401(k) 计划。不幸的是，401(k) 本身的费用和其管理费用是相当昂贵的。小企业通常会用简化的个人退休金账户（IRA）计划来代替。简化的 IRA 计划和 401(k) 计划的结构非常相似，但更便宜。不管在哪个计划中，员工每月的缴费和收益都是在延税基础上累积。员工可以在 59.5 岁后免费取钱。雇员的薪水可以和他的贡献匹配，但匹配不是强制性的。比匹配更重要的是，公司的资助计划可以帮助员工做养老储蓄，并提供最佳的税务处理方式。

  小企业的另一个退休方案是简化的雇员养老金（SEP）个人退休金账户（IRA）。SEP 账户的缴纳完全是由雇员来承担的。缴纳范围和资格要求与 IRA 账户不同，但好处是大同小异的：缴费和收益都是在延税基础上累积，员工可以在 59.5 岁后免费取钱。
- **伤残保险。**这种保险在美国的一些州是强制性的，包括加利福尼亚州、夏威夷、新泽西州、纽约州、波多黎各和罗得岛。而在其他地方，交不交这个保险由你说了算。但谁知道厄运会降临到谁的头上，就算是年轻人也不能保证不会遇到这事。如果雇员在早期的职业生涯中致残，而他和他的家人没有得到保护的话，那么后果会很严重。
- **人寿保险。**在小公司工作的员工基本上都是年轻人，所以人寿保险可能不是他们第一件会考虑的事。当然对于经济特别拮据的年轻员工而言，基本的人寿保险也不是特别贵。和其他类型的保险一样，公司不需要支付保费。只要公司提供了这个计划，让员工自己去做出决定就好。

---

① 未使用的休假时间以负债方式记录在负债表上。因为现金流不受影响，大多数初创企业不关心这个事情。直到员工打算离开公司，公司要一次性兑现所有假期的时候，那才是元气大伤！

② 有些公司采取不限制休假的政策。这个想法是，员工在他们认为适当的情况下使用休假，但不得滥用政策。政策确实避免了休假转移的问题，但人们不禁怀疑这样的政策会让员工为了避免丢掉工作而没有得到足够的休假。

- **灵活支出账户（FSA）。**这些账户包括医疗费用和护理费用。除了名义上的项目成本，雇主并没有成本，但对雇员有显著的税收优惠[①]。
- **健康储蓄账户（HAS）。**这在某些方面和 FSAs 里的健康保障有些像，但它们在其他方面完全不同。重要的是，他们并不适用于所有健康保险计划。
- **通勤费用。**公司可以选择为员工报销通勤的火车或公车票。没有多少创业公司能和一些硅谷巨头一样有自己的公交系统，但大多数创业公司应该能够负担得起他们员工每月的地铁费。
- **水果和其他健康食品。**谷歌的寿司午餐听上去颇具传奇色彩。但这种高大上的东西只有不差钱的公司才请得起员工吃。在现实中，相对于其他福利，食品倒一点都不贵，公司为员工提供的这些方便好吃的食品完全是免税的。在忙碌的夜晚或周末，为还在办公室加班的员工提供一餐饭，比付加班费要少得多。

总之，精打细算的福利政策可以帮公司和员工省下好多钱。在一家小公司，为福利买单几乎是一个零和博弈。不论是员工或者公司来支付，最后看来都没有区别，因为钱都来自于同一个锅。然而，由雇主资助的福利所带来的有利税收待遇，可以对一揽子福利条件的总成本产生巨大的影响。

在小型创业公司里，几乎所有人的需求都很明确。根据创始人、高管和员工的具体需求来量身定制福利计划，并适时进行调整是比较好的方案。如果员工无所事事，就不要把食物摆出来了。当然如果你要把员工派去前线的话，请确保已经给他们买了人寿保险。

递延薪酬

创业者们非常乐意牺牲暂时的薪水和其他特殊待遇以换取未来更丰

① 技术上讲，公司每年支付 FSA 账户总额，而员工从他的每月工资中扣除。由于雇员可能在有权使用这些钱的时候，立即退出，那么公司可能就会为了这个年初离职的人花上一大笔钱。

硕的回报。短期来看，递延薪酬指的是延迟支付现金、工资、奖金和咨询费。对于员工来说延期支付是拿钱来冒险，但如果使用得当，它可以帮助年轻企业减少资金短缺的影响并降低风险。递延薪酬降低了公司对市场的不确定性、对投资者的依赖性以及第三方投资所造成的股权稀释。有多种机制可以延缓创始人、高管和核心员工的薪酬支付[①]。

- **延期 W–2 补偿。**就业法是非常复杂的，它的目的是保护雇员，特别是关于工资和薪金的支付。商定的薪资必须要发放、且要按时发放。另一方面，尽管 W–2 表格对奖金的发放有所规定，但有相当的监管自由。如果你想要一个灵活的工资计划，那要确保通能过奖金的方式给核心员工支付部分补偿。你可以制定奖金的规则和触发点，但要注意，制定一个你确实可以遵循、且符合工资和工时法的奖金规则。
- **延期合伙收益。**LLC 类公司的合伙成员能够以担保付款的形式获得合伙收入。作为自营收入，个体需要为这部分收入缴税。担保付款可以随时向任何合伙成员发出。通过同样的机制，依据国税局的递延薪酬规则以及工资和工时法，担保款可以延迟、延期或取消发放。
- **创始人作为债权人。**向创始人和关键员工发放的信贷票据可以用来解决现金流的时序问题。创始人贷款有助于在本财年结束前指导短期税收和监管要求。这也可以用来代替银行贷款，因为通常银行贷款非常昂贵，一般也不会贷给初创公司。

当创始人或员工借钱给公司时，这个贷款应该以和银行贷款一样的形式详细记录在案。出于法规的考虑，该公司需要证明贷款的有效性、合法性和时效性。这意味着这个记录要明确本金、到期日以及与市场相符的利率。此外，创始人也需要有这样的保证，以确保公司最终能还上这笔钱。公司的情况总是会变的，而给公司贷款的创始人今天可能还是他掌控公司，

① 自从在国内税收法规（2004 美国就业机会创造法案 885 节）中添加了 409A 条款以后，递延薪酬就变得更加复杂。请务必向会计师或律师咨询，以确保你能了解详细的规定。

明天就未必了（可能易主）。

前两种机制会将薪酬递延到下一年。如果递延到第二年，雇员的纳税义务也会移到第二年。而递延税通常是首选方案，它也可能是公司和个人最愿意支付的税了。

再来看看下面这个例子：假设 2013 年 12 月 31 日，FelCo 公司在银行有 20 000 美元的现金余额。这一年形势不错，FelCo 该决定把净利润 20 000 美元作为管理奖金。然而，该公司需要在一月份有足够的现金来运作，而大部分客户的付款可能要到 1 月底才能到位。因此，当 2014 年到来的时候，公司账户若是零结余将是个非常冒险的情况。那么此时 FelCo 公司面临着以下两个选择。

- **如果 FelCo 愿意缴纳两次税。** 那 FelCo 支付公司在 2013 年总收入 20 000 美元的所得税，大约 7 000 美元。到 2014 年 1 月 31 日，该公司向高管团队支付 13 000 美元的总奖金，代扣税后是 8 450 美元（假设适用 35%的税率）。
- **如果 FelCo 提前缴税。** 该公司在 2013 年 12 月 31 日给高管的奖金为 20 000 美元（代扣税后为 13 000 美元）。与此同时，该公司的高管们给了公司 13 000 美元的贷款。2014 年 1 月 31 日，贷款如数还给高管们，这样 13 076 美元（假设 7%的年利率）的现金奖励就没有进一步的纳税的义务[①]。

在这两种情况下，公司 1 月份的运作资金都充足，但在第二种情况下，公司的高管和创始人的奖金明显会更多一些。

有风险投资介入的公司，建立一个递延薪酬的规则是相当困难的。事实上，新的投资者可能要求公司先消除所有与创始人和员工的未清偿债务，并以此作为资金支持的条件。最好的情况是，每个人都会在下一轮融资时获得被递延的薪酬（谢谢你，魔法事业公司的投资者）。而在最坏的

① 该交易需要在能够承受范围之内的，即贷款需要是合法的，不与国税局相抵触。

情况下，关键员工会被要求免除公司之前所有的补偿承诺。幸运的是，小时工资法保护了创业团队免遭免除补偿。

另一方面，公司的创始人和高管控制着公司，他们可以做最适合个人和公司的决定。递延薪酬是创业公司处于自力更生或生存模式时非常关键的现金流管理工具。在你提出一个特别计划之前，请再三查阅最新的美国联邦和州政府的法律、法规。

薪酬方案

以上我们已经概述了各种激励性的股权工具、现金工具和其他福利政策，现在让我们来看看需要什么样的薪酬方案来调动大家的工作积极性。

创始人的薪酬方案

在谈钱和股票之前，创始人团队应该试着回答一系列关于个人期望的问题。焦点应该集中于个人对公司的承诺和他们即将推出的业务的本质。

- **不要问公司能为你做什么，而要问你能为公司做些什么。**公司需要何种人才，需要何种水平，以及需要多长时间能让公司获得成功？ 我们打算长期运营这家公司，还是打算在机会出现时套现？
- **任何一天都可以工作吗？**所有创始人现在都可以吗？每个人都有加入全职工作的计划了吗？
- **直到死亡才能把我们分开吗？** 公司的使命与个人的长远目标是一致的吗？在一段时间后，是否会有人离开？他们此刻愿意留在公司里，是因为什么特定的需求？
- **激情是必须的，但却是买不到的。**是所有人都对这段冒险感到很兴奋吗？还是不情愿地被拖了进来？很多公司创始人发现机会来了，但接着却意识到并不是自己真心喜欢的事业。不用说，激情的缺失对个人或公司来说都不是一个好的开端。

在制定详细的薪酬方案之前，最好先把所有这些问题都摆在面前。当所有的问题都放在台面上，就可以找到一个富有建设性的解决办法。另一方面，如果没有诚实地回答这些问题，那么问题就会迅速涌现出来。创始人应该考虑把自己的理解写进创始人协议中。创始人协议或意向书通常不具约束力，但它有助于避免团队之间的误解，而且如果团队中有人改变主意的话，那调整计划也更容易。

假设创始人投入的程度相当，那么团队成员的平等股权就可以在相当长的一段时间内保证每个人都信守承诺。任何偏离这个原则的做法都会导致不公正、不充分欣赏和积怨，从而导致团队成员缺乏动力。在例外的案例中，比如，先加入的创始人比其他创始人更能作出真正杰出的重大贡献时，创始人股权分配不均可能是合理的。然而，在大多数默认情况下，应该是平等的所有权。

投入时间和早期贡献之间的差异均可与行权时间表和薪酬补偿进行匹配。如果一个创始人仅能承诺将 80% 的时间投入到公司上，那就授予他 80%的全职创始人的股份，让他拿全职工资的 80%。如果任何一位创始人在企业创立前作出了重大贡献，那么他们就应该在企业创立时就得到一部分可行权的股权。

创始人股票的待权期需要反映出创立一家企业所需要的时间。由于创立公司所需要的时间往往比想象中的要长，把股票待权期限定得稍微长一些，然后用合理的加速待权条款来推动实现。六年的待权期对一个年轻的创始人而言似乎很长，但想创立一家足够稳固的企业（离开创始人还可以生存的）确实需要那么长时间，甚至更久。如果团队很幸运，能够更快地完成这些工作，那么加速行权条款就可以用来解决这种比较罕见的情况。

当我们制订了魔法事业公司的受限股激励计划时，我们加入了一个条款，就是允许公司在创始人或高管退出的时候，以公平市价回购他们的股票。尽管这些条款为个人提供了一个显著的留用奖励，但在实践中，这些条款对个人而言弊大于利。

公司的创始人和员工都怀疑公司会用这个条款来对付他们，但在现实中，公司甚至都没有钱来回购这些股票。这条规则的例外是打算长期经营的公司。对于那些公司来说，让离职员工带走他们的股票是没有意义的。当魔法事业公司转变成一家接受过风险投资的企业时，就放弃了这条回购股票条款。

就薪酬而言，高科技创业团队的薪酬危机往往是给自己太少的薪酬而不是太多的薪酬。年轻的创业者不需要太多的现金并不意味着他们不应该得到更多的钱。以低于市场平均水平的薪酬发给创始人，那么在公司稳定之前，创始人会处于资金紧张或濒临断流的风险中。即使是刚刚从学校毕业的创业者也有自身成长和发展的需求。他们会有家庭，他们会需要很高的月收入。当你即将完成一轮融资时，要意识到投资者在投资后不会轻易同意加薪。所以团队或多或少都应该在融资完成前就薪酬问题达成共识[①]。

当你制定薪资方案的时候，请现实一点，确保给别人的承诺不超过你的能力范围。接受减薪比得到意料之外的加薪要难得多。

顾问及董事的薪酬方案

初创公司的顾问职位有各种各样，所以薪酬方案也要跟着有所变化。与一般的雇佣合同不同，监管机构对顾问服务的薪酬规范没有太多要求。因此，你可以根据你的喜好随意制定。这里有几个典型的顾问角色和适当

① 类似地，投资者不可能为了创始人的利益而重新制定股票行权时间表方案。

的薪酬方案可供参考。

- **论文导师。**初出茅庐的毕业生会崇拜、追捧或者无法忍受他的论文导师[1]。无论他们之间复杂的关系受何种情绪支配，他们都非常依赖导师的意愿。当两者一起创办公司时，就会发生很多争论。

导师当然不应该利用他的强势地位，但做学术的人也会有物质上的欲望。学生或者曾经的学生应该做好心理准备，在关于如何参与、利用、管理并补偿的问题上，你和你导师一般不会有一场开心的对话。

对导师的贡献和补偿需要遵循原则，即薪酬取决于他所提供的服务的重要程度以及对未来发展的贡献程度。

虽然企业创立前的贡献需要被考虑进之后的公平薪酬方案中，但如果论文导师仅仅因其早期的发明、名声或专利就向你索要报酬，也是不切实际的。

但大多数情况下，论文导师是最好的咨询委员会成员（见下文）。如果他的贡献确实无与伦比而且是很费时间的，或者他会在学术休假时全职加入公司，那么他应该被视为公司的一位联合创始人。在这种情况下，导师创始人应该承担以下部分或全部职责：

- 担任执行主席；
- 帮助筹款和业务发展；
- 提供技术问题咨询；
- 参加重要战略会议；
- 每周至少花一整天的时间在公司业务上。

如果论文导师确实是有重大贡献的角色，那么他理应获得同全职合伙

① 我很幸运地属于第一种情况。

人一样的股权。如果有足够的现金可以周转，甚至可以给他一个合理的咨询费。

- **独立董事。**无论公司是否要正式聘请独立董事，一个董事可以给公司带来有价值的观点，“独立”尤其是指董事朝创始人和普通股股东有利的方向倾斜。在自立更生的企业里，这些来自外部的“眼睛”应该去验证管理团队的假设。在风险投资公司中，独立董事有效地充当普通股和优先股股东利益之间调停者的角色。

独立董事应是有以下任何或全部经验的人：

- 有商务领域的技术经验；
- 有市场知识和行业人脉；
- 有丰富的创业经验；
- 有风险投资界的人脉，包括天使、银行和风险投资家。

独立董事需要出席董事会议，了解公司的最新事务，并代表本公司操作业务。他们不只是空有其名，而是会作出实际的贡献。

作为回报，根据公司的经营状况，他们会拿到公司 0.05% 到 2% 的股份。对于一个年轻公司而言，少于 0.5% 的股份根本打动不了任何人。

超过 1% 的股份也是不寻常的，除非董事所投入的时间比一般预期的要多。就像任何其他股权计划一样，董事的股票或期权待权期也应该在两年以上。外部董事一般坚持要求一份对董事及高级职员的保险以及一个赔偿协议。

- **咨询委员会。**咨询委员会的成员也有和独立董事类似的薪水，如果不用给特别多的话。

咨询委员会的成员需要知道他在公司结构中所扮演的重要角色，并且公司依赖于他们。顾问不应该被视为一个编外的工作人员。相反，他填补了管理团队的经验差距，他需贡献特定的行业见解、技术专长或人脉。作为回报，公司一般会给他们股权报酬（很少超过 2% 的股份）和可能的咨询费。

- **执行顾问。**一个执行顾问与普通顾问的区别就在于他在公司上花费了明确的时间以及可以提供日常的战略执行工作。最好的情况是，执行顾问可以被赋予一个特定的角色，并且负责解决一般性问题和其他支持。执行顾问可兼职代理销售副总裁、首席执行官、业务发展副总裁和行政主席，等等。和执行顾问建立良好关系可以为公司和顾问提供一个了解彼此的机会，并考量是否有必要达成一个长期的、全职的合作关系。

早期核心管理人员的薪酬方案

你要怎么吸引一位经验丰富的管理人员加入一家手头几乎没什么现金的小公司？ 这个看似无解的问题其实并不难做到。公司关注自身的利益越少，它就越有成功的可能性。当你准备聘请一位高管为一家小型科技公司工作时，你就需要解释为什么此处是迈向康庄大道的绝佳起点。高管已经把握了选择大公司或小公司的核心点。你需要解释的就一点：为什么你能让他变富。

在初创企业里，一个主管的工资可以低于市场均值，但股权奖励一定要慷慨。高管们会认为，未融资企业的风险显然高于已融资企业的风险。已融资企业存活下来的可能性更大，在这一点上，高管们的认知是对的。不过，他在已融资企业会给普通股股东带来更大的回报这一假设上可能是错的。就像本书第二部分会详细说明的那样，在初创企业里，给尚未被优先股权稀释的员工股东派出的红利显著高于已获得风投投资的企业。所以不要觉得你必须放弃房子。

另一方面，已获得风投的企业被期望以接近市场利率的价格支付高管薪酬，但在股权赠予上会相当保守。除非你想给一个超级巨星般的股权补偿，否则除了首席执行官外不要给任何人拿到超过 4% 的股权。

表 6—1 展示了自力更生的初创公司以及获得风投支持的高科技创业企业的高管及核心成员的恰当股权比例对比。百分比可以根据不同阶段、特定背景下的角色重要性来进行调整。

表 6—1 高管在两类初创公司股权比例对比

	自力更生创业公司		获投融资的公司	
	最少	最多	最少	最多
首席执行官	4%	20%	2%	10%
销售和营销副总裁	2%	8%	0.5%	4%
首席财务官	1%	5%	0.5%	3%
运营副总裁	0.5%	4%	0.2%	2%
软件 / 硬件架构师	0.2%	3%	0.1%	1%
高级工程师	0.1%	2%	0.05%	0.5%

最重要的是，你应该把公司的股权奖励和公司现阶段的情况结合起来，而不是一个固定的百分比。举例来说，如果公司某一轮融资获得了 500 万美元的估值，奖励给一个非常高级的高管的股票预计将在 10 万美元的范围内，即大约 2% 的未发行股权。

大多数管理人员不会免费工作，但有些人并不靠每月的工资来过活。当你评估求职者时，注意区分财务灵活性和缺乏工作动机两者之间的差异性。不要雇用一些企图在公司早期大捞一笔然后走人的家伙。

如上面所说的那样，尽可能地为执行团队建立一个固定的工资结构！当每个人都赚一样多钱的时候，团队的动机完全是一致的，即最大限度地提高股价。

你会透露多少

当你试图说服人才加入公司时，请你准备好提供核心数据资料包括未偿付股票的数量、行权时间表以及未来几轮融资可能会造成的稀释情况。你应该让雇员对工作状态有一个清晰的了解。你告诉他们越多，他们越会觉得他们是团队的一分子，都朝着一个共同的目标前进。而且，当事情和计划有不同的时候，他们也会理解的。

如果你有不愿透露的信息，也要明讲。只要你有一个好的理由，员工就会理解的。毕竟，你们都是为了公司好。

THE TECH ENTREPRENEUR'S SURVIVAL GUIDE

如果你能负担得起，就让事情公正些

第 1 课

更早、更大方地分配创始人股票，但一定要让待权期足够长，以此确保公司的稳定和成功。

第 2 课

别亏待创始团队，但也别多给工资！ 提供足够丰厚的薪水让创始人和早期的员工为你的初创公司工作。同时，要合理地节省开支，使公司在外部投资人进入前尽可能长时间地保持独立。

第 3 课

固定的工资结构以及慷慨的股权奖励可以围绕着公司价值最大化的共同目标进行管理。

第 4 课

别在你的雇员面前耍花样！ 让他们知道他们有什么样的选择性，股票是否值得，以及一段时间来的价格变动。

THE TECH ENTREPRENEUR'S SURVIVAL GUIDE

第二部分

股权筹资

创业企业的双刃剑

How to Bootstrap Your Startup, Lead Through Tough Times, and Cash In for Success

How to Bootstrap
Your Startup, Lead Through Tough Times,
and Cash In for Success

07 风险投资交易

且慢，还有别的东西。这合约上并没有允许你取他一滴血，
只是写明了“一磅肉”。

摘自莎士比亚的《威尼斯商人》（*The Merchant of Venice*）

到我们开始寻找风险投资时，我们已经自给自足地运营魔法事业公司近五年了。我们给自己打造了一个前所未有的盈利的高科技初创企业形象，甚至在我们摆脱财务紧缩政策并开始聘用更多员工后，我们也一直保持盈利。随着收入的增加以及沃尔玛对 RFID 革命的大力宣传，吸引一大笔投资就变得相当容易。

风投们一般青睐盈亏平衡的公司，他们喜欢想利用资金扩大规模的公司，而不是投资刚起步的公司。魔法事业公司的创始人、高管和员工都很享受拿到融资后那段没有资金压力的时光。然而，那个时候，我们并没意识到公司的文化却悄悄发生了不可逆转的变化，而且拿到的钱最终成为我们的巨大负担。

了解私募股权和风险投资

风险投资公司属于私募股权投资这个大类别的一部分，他们收到的钱来自个人、财富基金和其他机构投资者，他们向高风险的民营企业进行投资。图 7—1 显示了每年美国风险投资交易数量及其投资总额曲线图。

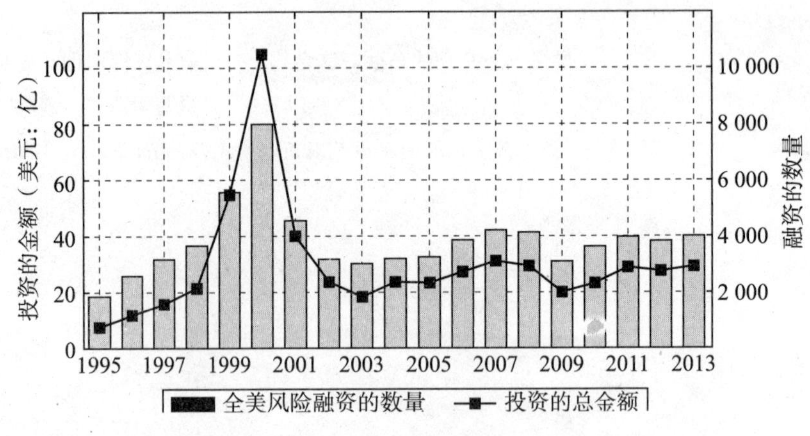

图 7—1　美国风险资本投资状况图

数据来源：PricewaterhouseCoopers and the National VentureCapital Association (NVCA), *Moneytree Report*, Q1 1995–Q2 2013, www.pwcmoneytree.com.

一家风险投资公司及其合伙人通过以下两种机制挣钱。

每年，投资公司收取投资金额的 1.5% 到 2% 作为管理费。管理费用来支付经营费用、工资以及风投公司的奖金。虽然风险投资合伙人并不会因为管理费而成为超级富豪，但他会拿到年薪和奖金，这些钱的数额远远高于被投资公司高管所得到的钱。

此外，风险投资公司合伙人从他们参与管理的基金那里收益，即所谓的附带收益（carried interest, or carry）。一个基金历经 5 至 10 年运作后会被清算，投资所得的利润会在出钱人（有限合伙人，the limited partners）

和风投公司合伙人（the partners in the VC firm）之间分配。附带收益范围通常占收益的20%～30%。部分基金为投资者提供了最低年回报率。这种最低回报被称为最低预期资本回报率（hurdle rate）或优先回报率(preferred return)，利率通常在7%～8%的范围内。在极少数情况下，附带收益是基于每个个别交易的收益来计算的，这对风险投资公司超级有利。

综上所述，风险投资公司中的合伙人是一份非常不错的工作。即使他们"不成功"，即在清算时候，他们的基金陷入亏损，他们也能获得"少数"一些技术高管几倍的年薪。如果他们非常成功，他们就会变成亿万富豪。

但另一面，非常残酷的是，风险投资公司的合伙人必须忍受公司内部的动态平衡，或称浮动。这场赌注是风险极高的，所以常常会遇到自负的风投合伙人。一起管理基金的合伙人通常是均分收益的，而不是根据个人投资组合的表现而分配收益。当一个基金运行得还不够好时，是不可能生出另一个新基金的，甚至会连累整个公司，无法保持持续运营。因此，对每个风险投资公司的个体合伙人而言，压力是相当巨大的。

风险资本家根本不希望自己被称为老好人。每次魔法事业公司想要更多钱的时候，我不得不提醒自己，风投并不友好。他们拿着别人的钱给你投资，而你作为一名创业者肯定会把这部分钱花掉，风险投资能把这些钱拿回来的可能性是相当小的，更别说能有巨额回报了。如果亏了钱，风险资本家们还得向那些愤怒的有限合伙人解释这个结果。所以如果他们对你的态度不是很好的话，不要责怪他们，当然也别往心里去！

去找哪些公司

魔法事业公司的投资者群体差别很大：有一支南美洲的私募股权基金、一支对冲基金、一支总部位于中国香港的个人财富基金，还有来自中国台湾以及美国的企业风险投资基金、早期风险投资基金和私人投资者，等等。可以说，我们已经筹集了一支无法管理的风投组合队，但奇怪的是，这种没有连贯性以及各不相同的利益反倒是适合我们发展的。重要的是，他们中的一些投资者有足够的资金来支持我们直到结束。也有一些投资者退出或失去了兴趣，其实退出对投资组合公司而言并不像听起来的那么糟糕。

为了搞清楚哪家风投公司最适合你，首先要明确你需要筹集多少钱。如果你只是募集 10 万美元去组建一家公司的话，这对预备投到后期轮的风投公司来说没有任何意义。同样地，向一个早期风投要数千万美元的资金，也纯属浪费时间，即使投资方对你很感兴趣，他们那里也不可能有那么多钱。

在衡量你投资人的投资尺度之后，你会意识到大多数情况下，你在发展的后期才会要更多的资金。当后续几轮融资开始的时候，你现有的投资者会是你最好的朋友，你会希望他们能继续在谈判桌上坐在你这一边来。仔细想想你到底需要的是什么，并确保你所谈判的风投公司能够满足你的需求。

- **用 10 万美元去探索想法。**种子期风险投资 (Seed-stage venture capital investments) 和天使投资非常类似，二者差别在于种子期风险投资的钱是来自于一个专业管理的基金。种子基金可以对资本有限的小型企业进行投资，让他们去进行概念性验证、完善商业计划、雇用早期人员，或是仅仅为了在第一轮融资前多活几个月。
- **用 100 万美元去认真干件正事。**早期风投 (Early-stage venture capital) 是用来完成产品商业化的，并且开始销售。收入并不是非有不可，但有收入的话，肯定会对你有所帮助。此时的初创公司仍可停留在大量的 PPT 演示阶段。但必须正视一点的是，你下一次再要寻找资金的话，必须给投资方看些数据了，表明一个产品已成功推出，并有可观的收入增长，或有良好的增长轨迹趋向盈亏平衡。

- **用 1 000 万美元去实现（大规模）增长。**中期风投或者扩张性风险投资 (Mid-stage or expansion venture capital) 用于支持和实现行业内企业的成长。显著的收入、雄厚的产品组合以及行业内的名声是令人期待的。虽然你不一定要盈利，但你一定要能够表现出你正走在盈利的道路上。判断的经验法则是：如果放弃扩张，你的公司还可以实现正现金流吗？别担心，风险投资人会让你花他们的钱并使你们壮大起来。所以，只需把这个法则看成是为自己利益而进行的一次健康的思想实验即可。
- **用 1 亿美元做最后冲刺。**在后期，夹层融资或桥接风险资本（Late-stage, mezzanine, or bridge venture capital) 可以为企业提供所需的额外现金，以实现风险投资的退出。投资者想通过今天几美元的投资换得明日数倍的回报。但在现实中，并不是所有计划都能奏效，很有可能会从一次夹层融资演变成一系列的夹层融资。 幸运的是，如果你拿到了一次融资，他们之后就会主动地给你更多的投资，以保护前期的投入！

一些公司会设立主题基金（thematic funds），优先选择一些特定类型的投资组合公司。偏好范围从一个特定的地理焦点（如新兴市场）到特定的技术支持类别（如企业软件），再到 iPhone 应用程序之类的主题。主题基金是一个很好的工具,它让每月疯狂增长的数以千计的项目（初创公司）和数以百计的风投公司有序地对接起来。

风险投资公司往往会聚集在一些非常明显的地方，如硅谷、新英格兰和纽约，这并不令人吃惊，因为被资助的公司也聚集在这里，美国 30% 的融资交易都流向了硅谷的公司。以货币投放量来衡量，硅谷的统治地位在过去的 20 年里有了进一步的提升：美国 40% 的风险投资都在旧金山海湾（见图 7—2）。

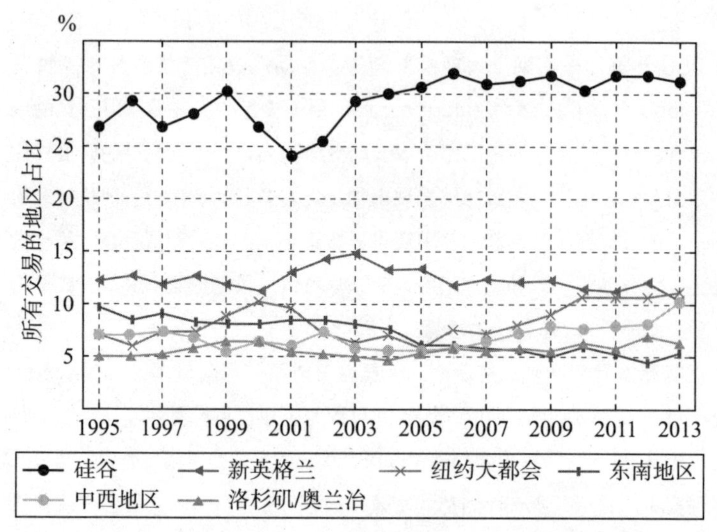

图 7—2 美国风险投资交易六大区域占比图

数据来源：Pricewaterhouse Coopers and the National Venture Capital Association (NVCA), *Moneytree Report*, Q1 1995–Q2 2013, www.pwcmoneytree.com.

近年来，初创公司和风险投资基金之间的博弈已经倾向于高科技企业。这意味着高科技企业能够有更好的估值、更少的稀释和更少的苛刻的清算优先权（详见图 7—3 和图 7—4）。谈判优势从风投方回到了创业方，虽然优势不太明显，但也有助于创业者保持其公司的控制权。谷歌和 Facebook 都是高科技企业中突出的例子，公司创始人有效地维护了对公司的主要控制权直到公司上市。这种以创业者为中心的管理方式，即使在 20 世纪 90 年代互联网大繁荣的时代也是不可想像的。

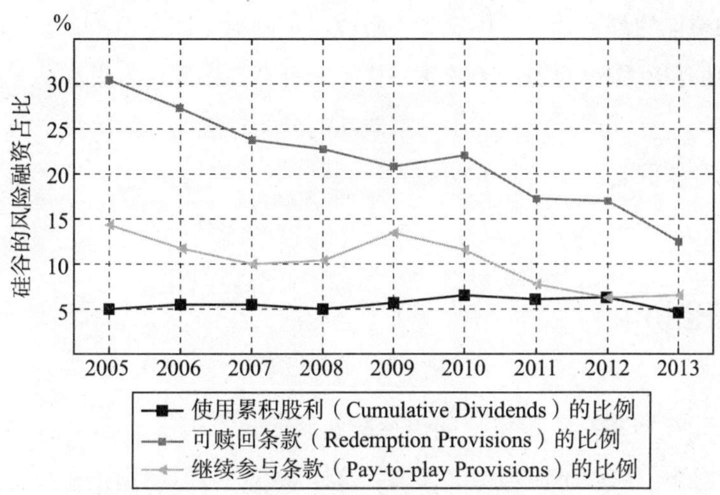

图 7—3　2005—2013 年间硅谷融资中使用累积股利 、强制或可赎回条款 、继续参与条款 的占比图

数据来源：Fenwick & West LLP, *Trends in Terms of Venture Financings in Silicon Valley*, Q2 2004–Q4 2013, http://www.fenwick.com/publications/pages/default.aspx.

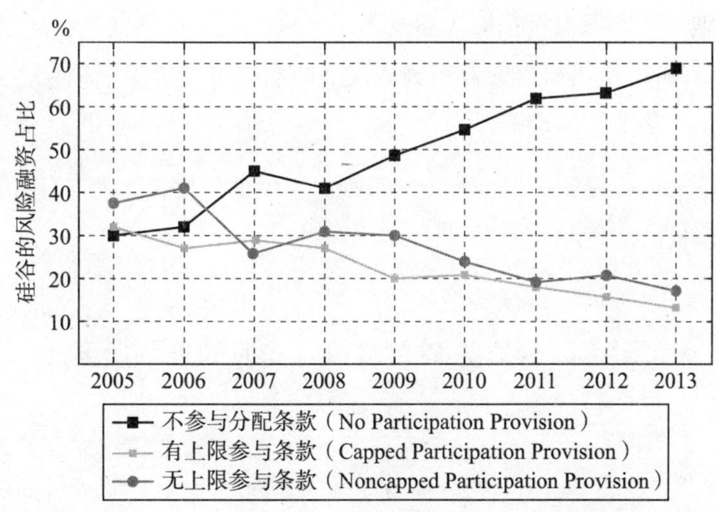

图 7—4　2005—2013 年硅谷地区对各类条款的偏好示意图

数据来源：Fenwick & West LLP, *Trends in Terms of Venture Financings in Silicon Valley*, Q2 2004–Q42013, http://www.fenwick.com/publications/pages/default.aspx.

如果你的筹资努力让你感到失败或沮丧的话，请记住，其实风险投资对你的依赖就像你对他们的依赖一样。而且有许多创业者没有从风险投资公司拿到一分钱照样就建立了一家成功的公司。然而，风险投资公司不与创业者合作倒是绝不可能成功的。

风险投资协议

风险投资基金或投资集团以风险投资协议（term sheet）的方式来表达投资意愿。协议书应当足够详细，这样双方都可以明确正在拟议的交易的性质。同时，协议书应尽可能简单，这样双方在达成交易之前都不需要支付大笔律师费。协议书通常是不具约束力的。一份风险投资协议书可以以正式协议、合同书或者以一个简单的电子邮件的形式出现。风险投资协议书一旦被接受后就进入了尽职调查期，在此期间投资者获得到一个检查公司的细节并确保没有猫腻（参见本章“尽职调查和成交”这部分内容）的机会。 初创公司和投资方签署协议书即意味着融资流程结束，并开始投入到正常的工作模式中。

在下面风险投资协议范本中，只列出了关键条款，而大部分具有法律性质的模板已被删除。

LEACO 公司 A 轮可转换优先股的条款摘要

本风险投资协议书总结了由一个投资团队（the “Investors”，以下简称“投资主体”）提出的投资条款，该投资主体是由 InvGroup 公司领投（the “Lead Investor”，LLP，以下简称“领投人”）对一家特拉华州成立的公司（the “Company”，以下简称“公司”）进行投资。

1. **证券类型**（Type of Security）：A 轮可转换优先股。

2. **投资金额和投资前估值**（Amount of Investment and Pre-money Valuation）：A 轮可转换优先股的总投资额可高达 500 万美元，其中每股的价格为 5 美元；对初创公司的投资前估值为 1 000 万美元，即完全稀释后为 200 万份股份（也是每股 5 美元），其中还包括尚未分配的至少占总额 20% 的员工股权池。领投人将按本协议描述的规定，投资 300 万美元，作为领投人的所有谈判交易文件也适用于其他投资主体。

3. **股息分配**（Dividends）：A 轮优先股有权参与（participate）所有股息分配（即除分配优先股股息外，还要和普通股股东一起分配剩余的股息），并以转换成普通股的形式分配。在分配给普通股股东或其他级别的优先股股东股息之前，A 轮优先股首先要获得股息分配。

4. **清算优先权**（Liquidation Preference）：A 轮优先股比普通股享有清算优先权，清算价格等于每股股价加上还未支付的每股股息。剩余清算款将与普通股股东按比例再分配。由投资主体获批选择的兼并收购、公司合并等类似事件都视作清算事件。

5. **转换权**（Conversion）：A 轮优先股可以 1∶1 转换成普通股，除非为了反稀释保护可改变转换比率。转换 A 轮优先股会强制发生在以最初的转换价向公众公开发售股票截至时，且估值至少达到 2 500 万美元时和公司至少有 1 000 万美元收入时。

6. **股份回购** (Redemption) ：投资主体有权要求公司回购投资人持有的 A 轮优先股，回购价格等于其相应的每股原始交易价加上尚未偿付的每年不低于 7% 的股息。股份回购权可以在 7 年后行使。根据公司的选择，回购金额可以分 3 年平均分摊支付。

7. **反稀释保护**（Anti-dilution）：本协议书中的 A 轮优先股条款包含标准的“加权平均”反稀释保护条款，防止在任何随后一轮的融资中以更低的股价发行股票证券。

8. **否定性条款（Negative Covenants）**：对于合并、解散、出售所有资产、普通股股利、修订公司注册文件、章程或任何涉及投资人权利变更的事件，需要大多数A轮优先股持有人的同意。

9. **不具约束力的性质（Nonbinding Nature）**：双方同意签署本风险投资协议书是不具约束力的，只是为了尽职调查的圆满完成、谈判协商的成功和最终交易文件的执行。

估值与稀释：难道他们就认为我们这么小

当你收到那份你迫切等待的风险投资协议书的时候，你的眼睛一定会快速跳转到估值那部分。毕竟，股票定价代表了你创造了多大的价值、公司的股份将被稀释多少以及风险投资公司是如何看待你和你的公司的。而在现实中，估值不一定是融资交易中最有影响力的参数。

例如，当投资者拿出钱的时候，他们希望市值表总体上是平衡的，初创企业中的员工被充分激励。投资者可能会要求保留很大一部分的股票，来作为当前或未来员工的一个期权池（通常不超过已发行股票的30%）。这是一个针对创始人和现有普通股股东的稀释交易，但它并没有被体现在交易前的估值中。

更重要的是，稀释现有的股东以及将所有权转让给投资方，从风险投资公司的角度来看这些都是没有商量余地的。专业投资者倾向于分类投资，然后根据心中特定的所有权目标来为他们定价。风险投资者们喜欢控制，所以他们可能会坚持要求融资后占51%的股权。

在另一方面，公司的投资者喜欢保持一个较低的投资门槛，这样就能把投资和公司的账目与盈亏损益分开来。例如，上市公司被要求如果所有者掌握超过 20% 的股权，就会将母公司和子公司的盈亏损益进行账目合并。此外，很多领投人也希望看到别的投资人进入，作为公司的背书，或作为附加的资金来源。

如果投资者已经设置了一个特定的目标，那么给他一个较小数量的权益份额基本不会成功。但是，这可以成为一个开始，你可以通过谈判以股权作为回报换取更多的资金。换句话说，如果投资者心中已经设定好了一个特定的持股比例，你可以说服他相信更多的投资可以让公司走向成功。使用这种策略，可以有效增加投资前和投资后的估值，并且让你在退出时，得到更多清算款。

反稀释保护：是无事生非吗

当我第一次阅读魔法事业公司的 A 轮风险投资协议书时，惊讶且愤怒地发现投资人只一味地保护自己防止未来被稀释，而不是保护创始人或普通股股东。几年后，我才认识到，反稀释条款并没有那么重要。这是一个对所有人都徒增烦恼的条款，并且没有什么好处。

如果该公司在之后进行流血融资（down round），也就是如果它以比上一轮低的价格出售未来的股票，此时反稀释条款就生效（见第 8 章）。这种情况当然是频繁发生的，但是当它发生时，该条款的实际影响力和可执行性是有限的。任何新的投资者很可能会坚持要求免除反稀释条款。新加入者只对两样东西感兴趣：第一，他们希望占有尽可能大的利益；第二，他们希望创始管理团队能被激励。如果启用反稀释保护条例，第一个目标就会受到威胁，因为早期投资者将有效提高其股本地位。第二个目标也会受到威胁，因为额外所有权会从包括管理团队在内的普通股股东那里被夺走。

在硅谷的融资中，约 93% 的交易都规定了加权的反稀释保护（weighted

anti-dilution protection），这意味着在后续融资中要部分调整股票价格。实际上，这种机制是通过调整优先股对普通股的转化率来实现的。一个典型的公式如下：

$$P_{A2}=P_{A1}\times\frac{(S_C+F_B/P_{A1})}{(S_C+F_B/P_B)}$$

其中：

P_{A2}= 新 A 轮转换价格；

P_{A1} = 原 A 轮转换价格；

S_C = B 轮融资前在股份已经转换的情况下计数已发行并流通的普通股数量

F_B = B 轮资金总额

P_B= B 轮转换价格

如果该条款不被援引（调用），稀释效应会受到两轮融资的价格差异影响，以及新一轮融资规模的影响。只要新一轮的数量小于已发行的普通股数量（算上已转换的情况），那么对普通股股东和新的投资人来讲，稀释效应都是微不足道的。如果我们以 LEACO 公司的 A 轮融资为例（上述提到的风险投资协议），假设增加的 B 轮融资为 100 万美元，每股是 5 美元（A 轮价格的一半），那么 A 轮优先股的转换价将从 10 美元跌倒 9.41 美元（有效地让 A 轮价格下降了 6%）。

大约 4%的风险投资规定了完全棘轮反稀释保护。在完全棘轮条款下，较早发行的股票会以本轮发行的新价格重新定价。在这种情况下，即使是小规模的额外资金，以较低价进入，都会明显影响市值表，有利于原始投资者。在 LEACO 公司的案例中，以 A 轮一半价格进入的小规模的 B 轮投资会导致 A 轮投资者的股权翻倍。它将使 A 轮投资者的持股总数上升到 55%，有效地将控制权从普通股股东手里转移到了 A 轮投资者的手中。

在硅谷的所有融资中，只有 2% 以下的协议没有规定反稀释条款；因此，加权反稀释保护可能是你最好的选择。如果你被迫进行下一轮流血融资，那要尽可能少地筹钱来控制稀释效应，或找到有足够谈判筹码的投资者推翻反稀释条款。

股息分配：真的吗？那他们为什么不投资财富 50 强的低价股呢

股息分配会对优先股权池的大小产生重大影响，尤其是当实际投资进入后几年后。已宣布的股息（as-declared dividends）只有经董事会批准才能支付给优先股股东，这在利润较少的已融资企业里不太会发生。相反，如果是累积股息（cumulative dividends, 不需要经董事会批准的），则会自动产生并添加到清算优先权中（参见图 7—5）。

在图 7—5 中，展示了根据出售价格和优先清算权的函数，LEACO 公司在清算事件中（收购）支付给普通股股东的例子。其 1 000 万美元的投资前估值，投资了 500 万美元。图 7—5A 显示了清算优先权不包括应计股息；而图 7—5B 显示了在融资的 6.25 年后的清算事件。优先权由于 8% 的年累积股息率已增加至 750 万美元。清算优先权提高了 1 倍之多，这在最近的融资中是很罕见的。

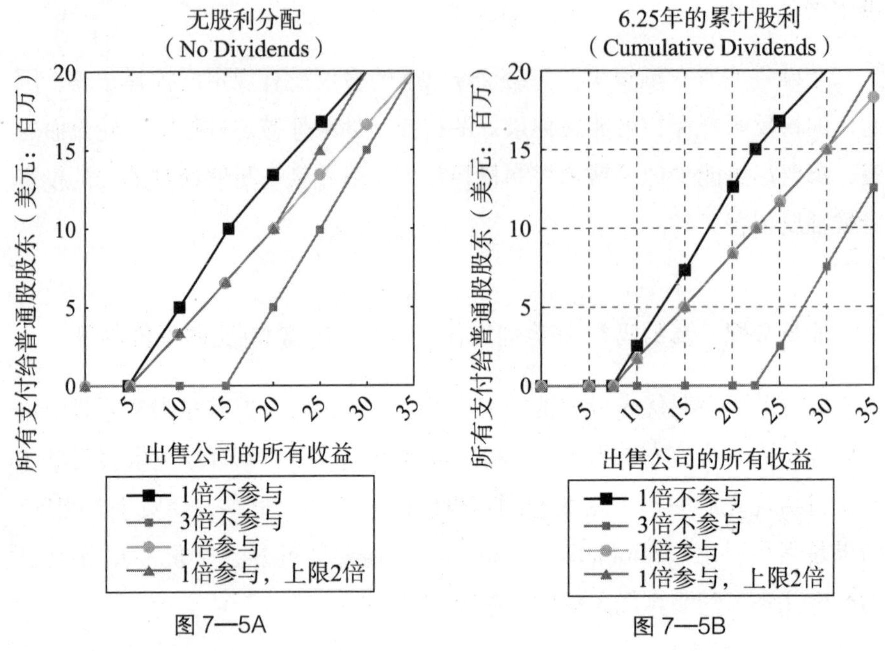

图 7—5A　　图 7—5B

股息率通常在 6%～8%的范围，甚至当政府设立的利率很低时也会维持这个水平。风险投资公司通常在考虑投资风险后要求高股息率。当然，这会陷入一个无休止的争论中，因为风险溢价已经加在了优先股的价格中。而由董事会宣布的股息分配操作方法是标准做法，累积股息的做法比较不寻常（见图 7—3）。从 2004 年到 2012 年，平均只有约 6% 的硅谷融资轮用了累积股息。

股份回购：从现在开始七年后，我们要么完蛋，要么富可敌国，难道他们不知道吗

在未来的一段时间内，风险投资基金可以选择把他们的投资回卖给公司。股份回购在 5 年内有可能发生，并且它通常包括了应计股息。风险投资条款规定了可以是强制赎回，或者更常见的是，由投资者的酌处权决定

（见图 7—3）。

不幸的是，在初创企业融资中股份回购条款几乎从来没有实际的钱返回给投资者。在一轮融资后的几年，这家公司要么做得很好，投资者不想把钱拿回来，要么是公司干得不好，在这种情况下不会有任何现金回购股票。与此同时，也没有新的投资者会有兴趣收购原先投资者的股票。

在过去 9 年中，约有 25% 的硅谷投资交易中包括股份回购条款，从 2004 年的 30% 平稳下降到 2012 年的 20%。如果你的投资者坚持要求股份回购条款，就可以与他谈判一个尽可能长的赎回期。

否定性条款：他们确定想要控制权，不是吗

否定性条款（Negative covenant）规定投资者有权否决公司的主要交易，即使这些交易已经被董事会批准。否决权 (veto right) 也被称为投资者阻断 (investor block)。从投资者的角度来看，否定性条款是投资组合公司针对无法控制股东投票或董事会表决而设立的备用控制机制。契约所覆盖的主要交易通常涉及并购交易、出售所有资产、收购、未来融资活动（包括银行贷款）、章程修订以及投资者权利的变更。

否定性条款规定是为了防止高管和未来的投资者联合起来对付当前投资者。但这些规定也可能导致投资者相互伤害。一个多样化的投资者群体也可能会发现自己陷入僵局，并且无法找到一个大部分人都认同的合理行动或决定。

当魔法事业公司在一系列资本注入后需要新一轮融资时，控股投资人代表不同意新的融资活动。他关心的是尽快把钱拿回来。他使公司失去了良好的判断力，造成其他投资伙伴丧失信任，从而导致经济损失。是否批准未来新一轮融资通过，也许是受限制交易中最令投资人感到不安的决定

了。大多数投资者会同意一个有利可图的清算交易，但他们不希望自己的权利被稀释，更不愿意看到权利流失到了一个新的投资群体中。

否定性条款是风险投资建立不可分割的一部分。作为创业者，你不可能很快就会涉及否定性条款生效的谈判中。然而，你可以最大限度地减少它对普通股股东的影响。

- 协商并明确定义条款中包含的交易类型。
- 设置一个最低的交易价值，低于此价值则交易不能被获批。
- 提出投资者投票应遵循简单多数原则（simple majority, 超过半数就算通过），以确保公司不会陷入僵局。绝对多数原则（supermajorities 超过 2/3 算通过）是很难做到的。
- 仔细管理优先股市值表。投资人的持股情况决定了投资人的投票权。你需要有足够的投票权归公司管理人员和董事会，不需要每个人都有权利来管理公司。

清算优先权：协议中最大的难点

清算优先条款是风险投资协议中最重要的条款。一旦你授予投资者权利，即意味着你允许他们在你和你的创业团队拿到任何一分钱回报之前，首先拿到投资回报，这样你公司的财务和社会动态就已被永久性地改变了。当我们谈判魔法事业公司 A 轮融资的时候，我们并没有认为这个遥远的优先清算权真的会实施。我猜我们对这件事的看法与大多数创业者没有什么不同：为什么公司估值会下降？毕竟，我们刚刚拿了很多钱来壮大公司。

清算优先权规定了在一个清算事件里，收益如何在优先股和普通股股东之间分配。投资者通常拿的是可转换优先股。在清算事件发生时，投资者有权将其优先股转换为普通股，并视为与其他普通股股东一样。如果投资者不转换，那么清算优先权生效。

清算优先权有 3 种形式（参见图 7—5）。让我们用假设的 LEACO 公司 A 轮融资来说明以下三种清算优先权：

- 投资前估值（仅指已发行的普通股）：1 000 万美元；
- 已投资资本（优先股）：500 美元；
- 优先股和普通股进行 1:1 转换。

不参与分配的清算优先权

不参与分配的清算优先权 (Nonparticipating Liquidation Preference) 比较简单。根据不同的优先权倍率（1 倍、2 倍、3 倍），投资主体先拿回原先投资额的 1、2、3 倍的钱，之后再将剩余收益（如果还有的话）分配给普通股股东。如果 LEACO 公司的风险投资协议规定了 1 倍的不参与分配清算优先权，那么清算事件会导致以下的支付情况发生。

- 如果 LEACO 公司的售价少于 500 万美元，投资者将得到所有的钱。
- 如果 LEACO 公司的售价介于 500 万美元和 1 500 万美元之间，投资者得到 500 万美元，普通股东得到剩余部分。这个范围有时被称为“无差异区”。
- 如果 LEACO 公司售价超过 1 500 万美元，投资者会将他们的股份转为普通股，每个人都会按照他们的比例得到股份。鉴于投资者拥有整整 1/3 的 LEACO 公司，他们将得到整整 1/3 的钱。

可参与分配的清算优先权

在可参与分配的清算优先权 (Participating Preferred Liquidation Preference) 的情况下，投资者先把钱拿回来（就像前面的情况一样），但他们也参与到超出原始优先利益的剩余收益的分配中。如果是 1 倍清算优先权，投资者先拿回他们所投资的钱,然后再按照持股比例（基于已转换的股票基础）

分配剩余收益。如果 LEACO 公司的条款有 1 倍的可参与分配优先权，那他们的可参与清算收益分配如下所示。

- 如果 LEACO 公司售价不到 500 万美元，投资者得到所有的钱。
- 如果 LEACO 公司售价超过 500 万美元，投资者先得到 500 万美元，然后投资者和普通股股东按持股比例（基于已转换的股票基础）再分配剩余收益。鉴于投资者拥有公司 1/3 的股权，投资者获得 500 万美元加上剩余收益的 1/3 资金。

附上限参与分配的清算优先权

附上限可参与分配的清算优先权（Capped Participating Preferred）指定为 2 的倍数（相对于投资额）。第 1 倍是指先结清实际的优先清算（即拿回原投资数目），第 2 倍是指投资人参与后续的剩余收益分配，直到拿足投资额的特定倍数为止。举个例子，一个 1 倍的参与分配优先清算的上限限制在 2 倍，是指投资者最多从分配清算中得到 2 倍的回报为止。LEACO 公司的股东如何在这种情况下获益呢？

- 如果 LEACO 公司卖出价不到 500 万美元，投资主体得到所有的钱。
- 如果 LEACO 公司卖出价在 500 万美元和 2 000 万美元之间，投资者先得到 500 万美元，然后他们将自己的优先股全部转换成普通股，与原来的普通股股东共同分配剩余收益。鉴于投资主体拥有整整 1/3 的 LEACO 股权，他们将获得扣除 500 万美元之后剩余收益的 1/3。例如，1 100 万美元的卖出价格，投资者获得了 700 万美元（500+600 × 1/3=700），普通股股东则获得 400 万美元。
- 如果 LEACO 公司卖出价介于 2 000 万美元和 3 000 万美元之间，投资者得到 1 000 万美元，普通股东得到剩下的部分。
- 如果 LEACO 公司卖出价为 3 000 万美元或更多，投资者会将他们的股票转为普通股。投资者和普通股股东将按比例分配所有收益。

清算优先权可以包含已投资的钱再加上每年的股息。假设上述的LEACO公司有积累股息8%，并假设LEACO在被卖出前投资者已经持有6年以上，此时清算优先权则包含了150%的投资金额。换句话说，LEACO公司员工和管理团队能够从普通股得到收益的条件是出售公司的价格超过750万美元到超过2 250万美元，根据清算的倍数决定。

根据出售价格和清算事件发生的时间（无股息支付或6.25年后的股息支付）的之间函数，图7—5显示了普通股股东的总收益。

当不幸发生的时候，清算优先权旨在保护投资者。然而，这种保护可能会适得其反，导致优先股和普通股股东状况都不好。鉴于大多数条款是书面的形式，某些退出方案会导致普通股或优先股股东都不会得到太好的回报。最重要的是，如果一个企业正处于优先清算中，那普通股是毫无价值的，员工与管理团队完全没法从出售公司中获益。如果能预见如此的结局，许多高管可能不会为投资者的利益去积极工作。相反，他们可能会开始寻找另一份工作，并在交易结束前跳槽。

同样，在不参与分配清算优先时，有一系列的退出结果对投资人来说是不太有价值的。如果投资者知道他们最终的收益不会有一点点差异，他们还会花时间和精力来为公司的利益谈判吗？ 这是值得商榷的，实际上从结构上来说普通股股东更有优势，他们有不附上限的优先参与权，因为可以避开“无差异区”，这样能激励投资人，不管公司售价多少都能尽量最大化交易价值。

在最近的硅谷融资轮中，平均45%的融资为包括不参与分配条款，其中24%为有上限参与，其中29%包括无上限参与（见图7—4）。所以，不要让你的希望消失！ 尽管每一轮机构融资都规定了清算优先权。但你还是可以通过谈判把条款签得优于行业标准。幸运的是，近年来，超过1倍以上的倍数已经很少见了。

高级清算优先权：还有比这更糟糕的事吗

多轮融资后的优先权情况会变得很复杂。新进的投资人总是会推动他们的清算优先权高于早期的投资者。而早期投资人会争取他们的投资与新的投资人有平等的优先权（即同等地位清算）。谁赢谁输取决于新老投资者的影响力和各自的投资理念之间的博弈。

在风险投资协议中，由新的投资团队提出的高级清算优先权对管理团队来说是个有优势的砝码，可以借此去和现有的投资团队谈判。为了避免现有投资人的所有权被削弱，现有投资人应该保持对资金的控制，并提供管理团队比新的投资团队更好的条件才行。

最近硅谷大约有 42% 的 A 轮以后的融资协议中涵盖高级清算优先权条款。在那些规定高级优先权的融资协议中，有 79% 的倍数为 1 倍到 2 倍之间的，16% 为 2 倍到 3 倍之间，约 5% 为超过 3.7 倍。

高管和普通股股东应该推动投资人继续参与 (pay-to-play provision) 新的优先股协议。该条款要求投资人按比例参与将来后续几轮的投资，以保持其投资人的领先地位。如果投资人不乐意或者无法在将来继续追加投资，他们的优先股会转换成普通股，以降低企业整体优先清算权的负担。凭借这一条款，魔法事业公司出人意料地以较少的优先清算权获得了未来的几轮投资 。

在各种继续参与条款中，投资者可能会尝试制定隐性优先权。不再跟投的投资人优先股转换成隐形优先股 (shadow preferred stock) ，而不是普通股。隐性优先股比普通股先享有清算优先权，但比新加入的优先股级别要低。多方面来看，隐性优先股对普通股股东来说是最糟糕的！

尽职调查和成交

要结束一轮融资或并购交易是一件充满压力的工作。事实上，直至最后一分钟前，交易都有可能变糟糕。魔法事业公司在 A 轮融资的时候就开始小心提防金融深渊，然后又主导了后续的几轮融资，最后主导了收购。幸运的是，我们成功地渡过了每一个可怕的最后关头，并达成每一笔交易。许多其他科技公司并没有走向金融救生的道路，而是最终破产了。

财富还是破烂

金融交易达成前几周的行动，可能会导致一家原本健康的企业变得非常脆弱。大部分公司的精力都花费在了成交上，而其他正常的运营均停歇下来。通常，小企业根本没有足够的时间和资源同期处理多件事情。

当潜在的投资人或买家嗅到绝望的气味时，他们会利用企业的脆弱性。买家或投资人甚至在谈判的最后阶段施加压力威胁企业主，没有任何自尊心强的创始人或 CEO 会在那个时候签约。你该怎么做才能避免最后一分钟的压力？

- **注意你的时间。**不要等到最后一分钟才开始筹集资金。完成任何金融交易都需要时间，而且它总是比你想象的要长。如果有必要的话，安排好你的奋斗时间表，这样你就有足够的运转力来让公司顺利度过第二个融资轮。
- **避免排他性（独占）条款。**投资者们不喜欢留下任何机会让别人在最后一分钟抢走自己的东西。然而，从企业角度来看，排他性承诺严重限制了交易选择的多样性并遏制企业手中的筹码。如果你无法完全避免这个条款，确保排他性条款有时间限制，那样就能在逾期后允许你寻找其他选择。
- **保留一个 B 计划。**如果没有 B 计划，尽你所能假装有。不管这个交易是否顺利，你要向世界证明你的企业仍将存活下去。如果你自己都不信，其他人更不会信。

发现和披露

尽职调查的焦点不是公司的估值或其未来的前景（理论上，这些问题已经在风险投资协议书中得到了解答），而是给予投资者机会去确认公司所告知的一切是否都是真实的。如果过程中发现对企业价值有任何重大影响的事实，再谈判也是合法的。如果没有任何意外的话，这项交易应该按风险投资协议中规定的去执行。

尽职调查过程包括两个关键要素：首先，作为发现流程的一部分，公司需要向投资者或买家提供每一份业务状态的相关文件；其次，作为披露流程的一部分，公司要针对投资者提出的问题进行陈述说明，以证明业务的状态。实际数据显示，在尽职调查过程中，如果企业能够组织得好，则能够体现出公司的良好实力。当把时间和金钱都花在内容谈判上，而不是管理调查上，对方会赞赏这个平顺的尽职调查过程。

不要随意签署风险投资协议，并开始随意发送带有附件的电子邮件。花时间来组织信息，并要求对方尊重你想以一个系统的方式去完成尽职调查的事实。设置一个安全的网站而不是杂乱的收件箱,用来下载各种文件。也可以寻找这样的服务，让你的公司网站实现这类功能。

如果你发现一个特定文件或一条信息与你公司是无关的，建议最好及时告诉投资人。你拿到的一般都是格式化的问题清单列表。投资人不会为你公司定制一份信息问卷；相反，他们会提供一个全面的模板，确保没有潜在的问题被遗漏。因此，不要羞于推后你认为不相关的文件。如果投资人不同意，他们肯定会告诉你。

因此，你可能会问，如果尽职调查中确有隐藏的问题该怎么办？毕竟，那正是要揭露所有问题的流程。如果你担心一个问题真会威胁到谈判结果，那么不要等到最后一分钟才提出。投资者真的不会在问题被揭示出来之前签署风险投资协议的。但一旦风险投资协议已签署，任何新的发现都是投资者乐于重新谈判的机会。

尽职调查的过程从未引起投资人对交易条款的改进。你只是没听说过："我从来没意识到你的客户群是如此多样化并如此强大。基于此事实，我们打算提高 20% 的预估值。"鉴于这一事实，在你接受报价之前，确保你掌握了所有物质上的利好信息和潜在的坏信息。前者避免接受过低的报价，后者则避免在曝光时谈判陷入不利地位。

如果你知道一个议题可能会导致与投资者之间的争论，那么请字斟句酌。你的义务是披露事实。对事实的解释是不需要的，那属于判断问题。如果华丽的评论没有作用，那就不要评论了！另一方面，如果你能以一个很好的方式来扭转情况，那么尽可能详述，有助于解决问题。

避免最后一分钟交易杀手

当交易接近尾声时，请做好情绪失控的准备！由于这项交易看起来越来越不可避免，所以万一其崩盘所导致的情景也越来越像一场灾难。这几个月来，你在精神和财力上已准备好过安全且丰衣足食的日子了，此时想到万一还要重新融资或者即将破产，你肯定会备感压力。正是这种依赖性使公司到最后强硬谈判阶段更容易受到投资方的攻击。

想要成交的需求给内部利益相关者提供了一个好机会，来通过谈判争取自己的利益，以此作为继续合作的交换条件。例如，忽然间，你的开发副总想要更多的股权激励，销售副总想要更大的职权，而财务主管想要被提升为首席财务官。不管这项交易对公司是好是坏，某些人就是会为提升个人的经济收入或职位而提出各自的要求。

只要你不告诉那些无关的人，有些内部争吵是可以避免。只要在这个交易被公开之前你告诉所有人就好，但没必要在融资达成前告诉一般员工。

对于你要事先告诉的那些员工，把该交易说成没有商量余地的。使用你能想到的任何措辞，包括：“我会向董事会提出你的要求，但我不认为他们会同意。”“如果你坚持这个问题，那交易就会完蛋。”或“投资者不会同意的。”

在每次初创企业的重大交易中都会出现这样的时刻，那就是一小部分人作出重大牺牲以达成这笔交易。如果在那个关键时刻，你还没有察觉到隐藏的炸弹的话，也许那笔交易从一开始对你就不重要。从创始人的角度看，最具争论的焦点在创始人股票再授予、优先权的倍数、仅稀释普通股股东的期权池，以及最重要的针对核心员工的竞业禁止条款。可以理解，投资人不喜欢他们正在投资的对象离开他们，到竞争对手那里去工作。但也可以理解，创始人也不喜欢被自己未来的职业所限制。

你如何才能避免竞业禁止条款和其他关键创始人的权利发生冲突？投资者可能不会在早期就提出这样的人事问题，但你作为创始人应该提出。如果你想确保非金融条款（nonfinancial terms）不会在最后一刻成为绊脚石，那请必须在签署协议书之前对你的疑虑点进行商谈。最理想的是你在作出个人承诺之前，手里就已经拥有竞业禁止协议的草案。

除了关注情绪和公民自由外，一些合法的交易杀手也可能会在最后一刻出现，包括以下几点。

- **合法敌对与诉讼。**如果你在尽职调查过程中被起诉，可能会使交易大打折扣或甚至完不成交易。因此不要在融资期间惹怒你的仇敌。如果你被羞辱，请压下你的怒火，直到有了足够的资金支持再开始斗争。在任何情况下，你都不应该介入任何形式的法律纠纷。
- **知识产权威胁与诉讼。**由第三方提出的知识产权索赔是困扰投资者的另一个普遍问题。专利流氓喜欢趁年轻有为的公司转型之际发起攻击。例如，当公司首次公开招股文件的时候，它基本上会采用让世界各地的任何一个人提出知识产权索赔的策略。无论是否公正，公司都要考虑在台下解决这些问题。

在私募融资的情况下，最好的防御就是保密。一旦交易完成，专利流氓的影响力就会减弱。

如果你实在是倒霉，收到来自发明家或有组织的专利流氓的索赔信，请你保持冷静，合理地对投资者说明情况。专利持有人将信件寄出是行使正当权利。一旦他们已经通知你侵犯专利，你就不能假装无知，说不知道自己侵权。然而，这些行为既不代表专利的有效性，也不代表你的产品侵权。此外，专利持有人会广泛地宣布他们拥有知识产权。他们几乎从不解释为什么你的产品可能侵权了。

任何事都从最初的通知开始的可能性很小。只有在绝对必要时，你才会让你的知识产权律师起草非侵权意见，以作为最后的手段。这需要破费，但是从统计学上来说，你可以利用这个好机会宣称专利是无效的，且你的产品并不侵犯专利。

- **财务状况恶化。**不管采取什么手段，都要避免在交易结束前几天或几周内有破坏公司财务状况或前景的举动。在筹款过程中，与你最好的客户保持良好的关系，从而避免威胁到你的收入前景！ 善待你的供应商，这样在融资结束前，你就不必再去寻找新的合作伙伴来为你提供服务和产品了。
- **遵从法规。**坏的感觉是不需要披露的。另一方面，就监管法规方面的问题与专家交流，并做一些负面结果测试，无论是在内部进行还是通过第三方实验室。让你的技术团队明白，任何一种不遵从监管法规的负面结果，都会给融资工作带来灾难性的影响！

当你快完成交易时，你会忙着起草法律文件，无论这些问题大或小，你都不会有时间来跟进每个战术问题。那是件好事情！ 你不必在成交文件中提及你所不知道的事。

THE TECH ENTREPRENEUR'S SURVIVAL GUIDE

尝一尝甜头

第 1 课

否定性条款，使得投资人成为有风投的初创企业所有利益相关者中最强大的一位。你无法避免这一条款，但你可以通过严格管理投资人所有权的动态比例来降低损失。

第 2 课

清算优先权是企业融资所需要付出的不容谈判的现实代价。但你可以并且能够对优先权的类型进行谈判。试图将普通股股东的利益同每个退出方、新的或将来的投资人保持一致。

第 3 课

坚持投资者协议中的继续参与协议。它将帮助你，不给予将来不支持你的投资人优先回报权。

第 4 课

保留一个备用计划，一直到交易达成。如果没有其他选择，你的谈判筹码将骤减，而且如果在最后时刻融资谈崩（又无替代方案），你的公司可能置于崩溃的边缘。永远不要指望事情会顺利进行!

08

流血融资

很多好事就是差最后一点点而失败的。

爱德华·哈里曼（Edward H.Harriman,1848–1909)

如果本轮融资前的预估值比上一轮融资后的估值要低，那么这就是流血融资 (down-round)。再声明一下，流血融资的不同之处在于，新进投资者比老的投资者以更低的股价买进股票（如图 8—1 所示）。魔法事业公司在经历价值可观的 A 轮估值以后，每轮后续融资的股价都在下降。我们显然是高估了自己公司和行业前景，而且所有的其他利益相关者，包括投资者、分析师以及普通大众也高估了我们！

流血融资无意损害了所有利益相关者：现有投资者的投资价值被迫缩水；员工目前为之工作的股票期权价值低于他们的发行价格；那些买了受限股的高管们还在犹豫是否要继续投资价值不断下降的股票，还是重新去寻找别的机会。

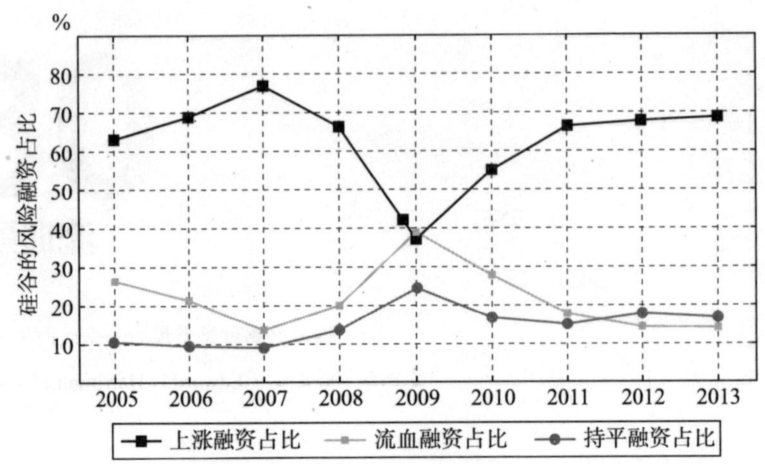

图 8—1　2004—2013 年间上涨融资、持平融资和流血融资在硅谷 A 系列融资中的百分比

数据来源：Fenwick & West LLP, *Trends in Terms of Venture Financings in Silicon Valley*, Q4 2004–Q4 2013, http://www.fenwick.com/publications/pages/default.aspx.

好的一面是，如果你即将要进行流血融资的话，意味着在之前一轮融资中一定是拿到了一个很好的价格。尽管你的公司至今还未兑现承诺，但你当初确实成功地做了件有损投资人利益的事（把股票以高价卖给了他们）。

把公司拉回正道

如果你的公司正在亏损而且需要更多的钱，那首先去找你原来的投资人要钱。尽管投资人不喜欢砸钱给一家业绩差的公司，但他们更不喜欢看到自己的投资组合公司失败或是反被新来的投资人扶持成功。此时投资人鉴于:（1）要么看着投资组合公司破产;（2）要么给新来的投资人机会陷自己于众多苛刻的不利条款之中，那倒不如自己把握良机继续帮助你。

现有的投资人希望可以参与未来融资，以免他们的利益被新的投资人拿走。当一个新的投资者群体出现时，他们会努力谈判剔除很多用来保护现有投资人的条款。新的投资者会大幅削减上轮融资聚集的额外收入，然后重新建立起他们自己的利益。以前的投资协议可能包括反稀释保护，但新的投资人不想兑现这一规定！ 尽管老的投资人持有清算优先权，但新的投资人一定会确保自己的清算优先权是他们中最优先级别的。董事会席位也会自然转移到新人上。

你可能会问，如果现有的投资人不同意，会发生什么？ 那么，就别想再拿到一分钱了！ 在流血融资场景中，最后进入拥有大量清算权的人总是持有最好的牌（见图 8—2）。

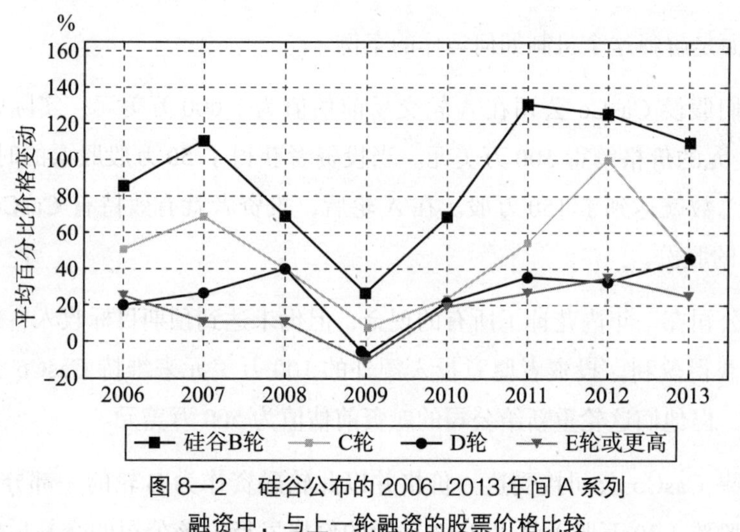

图 8—2 硅谷公布的 2006-2013 年间 A 系列融资中，与上一轮融资的股票价格比较

数据来源：Fenwick & West LLP, *Trends in Terms of Venture Financings in Silicon Valley*, Q1 2006–Q4 2013,http://www.fenwick.com/publications/pages/default.aspx.

管理层和普通股股东可以利用这些投资者之间的权力游戏来为自己争取利益。管理层会尽可能减少稀释和清算优先权，特别是在处境困难的时候。要达到这两个目标，依靠现有的投资人比嗅着血腥味而来的新投资人更容易实现。现有的投资人已经在游戏中有明显的优势。他们不愿意在新一轮谈判中就这些新条款进行谈判，因为这样会损害他们早期的投资。

对上一轮融资重新定价，或怎样避免流血融资

当我们整个行业处于下滑危机时，那也是魔法事业公司最糟糕的时刻，我们需要更多的现金，我们的首席执行官想出了一个重启 A 轮的高招。与其以新的股票价格进行 B 轮融资，倒不如我们对 A 轮重新定价并以混合价提供额外的股票。我们假装这一轮从未结束，我们仍在筹资以完成上一个投资协议。你别期望太高！ 这不是能帮你维持原股价的高招。但它确实能缓解进一步恶化的财务状况。

下面是解释这个机制如何运作的案例。

我们假设 CasCo 公司在 A 轮交易前估值为 1 000 万美元，实际以每股 10 美元的价格筹得 500 万美元。当投资者获得了 50 万股股票的时候，流通股总数就达到了 150 万股。在 A 轮后，投资者就有效持有 CasCo 公司 33%的股份。

该公司在一年内花掉了所有的现金，但仍未达到预期目标收入，公司并没有获得盈利。投资者愿意投入额外的 100 万美元来维持 CasCo 公司的生存，但他们这轮重新给公司的融资前估值为 500 万美元。

如果 CasCo 公司接受这一价格并以此轮融资作为 B 轮的一部分，那么新的股票（30 万股）将以 3.33 美元的价格发行，该公司的交易后估值为 600 万美元。投资人将拥有公司股份的 44%。他们上一轮的投资一下缩水了 66%，投资的账面价值（加上此轮）从 600 万美元降到了 266 万美元。此外，之前发放的员工股票期权也会极度贬值，从而导致员工的不愉快。

另一种方法是 CasCo 公司重新为 A 轮估值，并接受额外的 100 万美元作为第二次 A 轮融资。重新定价的标准，是在“投资者以相同的持股比例进行 B 轮融资”的基础上计算得出的。换句话说，新的交易前估值成为重新定义早期发行的股票价值的基础。根据这一原则，7.50 美元的股价会带来在 1 350 万美元的投资后估值。因此，公司股票的 44% 是由投资者持有。流通股总数量（180 万股）和投资者拥有的股票数量（80 万股）的比例，与假设是 B 轮融资计算出的持股比例是相同的。

股价从 10 美元到 7.50 美元的下跌比由 B 轮引发的戏剧性滑坡更好处理。CasCo 公司应该能够做到降低其员工和其他重要利益相关者股票价格的 25%。投资者则在设定他们的投资账面价值方面有更多的自由度。

如果你想在家里尝试，这有基于新协商的交易前估值和其他一些参数来重新给一轮融资估价的公式：

$$SP_r = \frac{I_{1st} + I_{2nd}}{\frac{l_{1st}}{PS_{1st}} + \frac{l_{2nd}}{SP_{2nd}}}$$

其中：

SP_r = 重新定价的股票价格；

SP_{1sc} = 初次投资协商股价；

SP_{2nd}= 第二次投资协商股价；

I_{1sc} = 第一次投资数量；

I_{2nd} = 第二次投资数量。

除了已经提到的优外点，重新估值还有以下其他优点。

- **对不住了律师们，这一轮没有六位数的律师费。**行政上，你节省了一大堆的工作和费用。在资金非常短缺的情况下，你不用再要求律师起草一套完整的新一轮融资文件，你只要在以前商定的文件里简单地改一下数字（听上去容易，事实也真这么容易）。

- **有一个很棒且简单的股权结构。**公司的资本构成表维持简单，因为并没有引入新的股票类别。只有几个数字的变化，但没有新的金融手段。未来的融资或清算事件通过这个简单的表可以很方便地管控。
- **没有流血融资的耻辱了。**流血融资的负面含义会从创业的历史中消失。当然，内部人士和股东知道所掩盖的事实。但对其他人而言，就只有一轮资金和一个股票价格。
- **尽管股票价格下跌，但还不至于崩盘。**维持每股股价在同一价格上，避免了期权定价、受限股票以及未来融资轮的各种问题。

政府对这类交易有何感想？ 作为一家私营公司，这只是你与投资者之间的事。美国国税局关注的是你不会把新发行的激励性股票和期权定得太廉价。确保不要这样做，并记录你每笔交易的账本。

过桥贷款：希望能让事情变得更好

当公司需要资金却又没时间融资的时候，即将退出的投资团队所给予的过桥贷款可能是唯一的解决方案。过桥贷款（bridge loan）是临时应急的解决方案，接下来将是更大一轮的融资，或者清算事件。特别是当企业还未明确其融资战略的时候，特别奏效。

大部分过桥贷款在结果上与转换债券一样。一旦发生新的一起明确股价的清算事件，该贷款就转换为股权（通常会打个折扣）。所使用的机制同发放给早期阶段公司的可转换贷款类似。 处于早期阶段的公司很难给股票定价，投资人和管理者也倾向于暂时不定股价，直至融资时再给股票定价。

在你向投资人要可转换过桥贷款前，请仔细考虑你下一轮融资的股票价格是高于还是低于上一轮的股票价格。如果你希望股票价格上涨，你应该要求可转换过桥贷款在转换时打折，范围通常在 15% ~ 40% 内。[①] 如果你认为股票价格更有可能下跌，你最好在上一轮价格的基础上直接销售。当然，你的投资者可能会对他们做的事有自己的看法，而不愿意听你安排。

根据下一轮资金的筹集方式，可改变过桥贷款的融资条件，折扣也可能在新协议的总体计算中进行谈判或消化。尤其是新一轮的风投，很难说新的投资人会要求普通股股东和现有投资人作出什么样的牺牲。

B、C、D、E、F……轮融资

位于加利福尼亚摩根山的外星科技公司（Alien Technology）是魔法事业公司多年来的劲敌之一。该公司在 2001 年进入 RFID 市场的时候，已经融了资并花了很多钱。当外星科技公司打算在 2006 年 IPO 上市的时候，其花费已经超过了 2.5 亿美元。可惜上市失败，但私募融资持续不断。到目前为止，外星科技公司已融资超过了 3.5 亿美元，这使其因成功的资本运作案例而备受瞩目。该公司能够持续吸纳新的风险投资，即使很明显投进去的钱将无法收回，更不用说会给集体投资者带来翻倍的回报了。

这怎么可能？ 为什么投资人会不断地把钱投到一家仅值投资额一小部分的公司？ 答案在于优先清算权的巨大魔力。投资人同意投资，就是因为有清算优先权这个条件。新进入的投资人不仅想要优先于普通股股东，甚至优于早期优先股股东的清算优先权。换言之，新进入的投资人能先于其他人拿到回报之前，从清算事件中得到数倍于他们投资额的回报，那就是，如果公司需要新资金就必须把它以高价卖掉！

① 在真正转换前的一段时间里，折扣范围在某些情况下会不断增加，甚至可能达到 50%。

举个例子：假设AnaCo公司为J轮融资1 000万美元。投资协议规定了一个2倍的高级优先清算权。如果公司在筹到更多钱之前以2 000万美元卖掉，那么J轮的投资者只是增加了1倍的钱。其他人却没得到一分钱，包括那些之前也靠这个机制盈利过的投资人，他们投了AnaCo公司B轮、C轮、D轮……掌握个中玄机了吗？

条款：饥不择食

如果你正在寻找一群新的投资人，而此时的企业运营情况很糟糕，那你的谈判筹码也是最弱势的。首先，你必须找到仍然相信你的技术与市场的人。如果你能成功说服投资人，那公司就能翻身了，只要符合下列条件，一般你就可以肯定他们会给你投资。

- **我们现在已经被新投资人控制了。**新投资人接替领投人并控制投资者的选票。新进投资人的股票价格比原先的股价低很多。
- **我们尽量稀释老的投资人。**前几轮融资的反稀释条款将失效或被覆盖。
- **事实上，我们并不认为以前的投资者享有什么权利。**前投资者持有的优先清算权，即使不消除也被大大削弱。新的优先股将比以前发行的任何股票都有更令人满意、更高的优先清算权。

新的投资人将重点放在削减不再跟投的原投资人的权利上。就新的投资团队而言，那些原来的投资人对任何事情都不再占有好处了。他们的钱已悉数用尽，不会再投更多的钱了。在没有绝对必须的情况下，为什么要给他们签署新融资文件的机会呢。

在大多数情况下，不是所有现有优先股股东都同意新一轮融资的。管理者和新投资者可以联合从老的投资者中获得足够的支持来防止对于该轮融资的否决。在现实中，不再参与投资的投资人没有选择的余地，只能批准新的融资进来（如果找得到的话）。考虑到破产或丧失抵押品赎回权的可能，理性投资者还是更希望企业能保持活力。

普通股股东的命运

当你在后期阶段融资的时候，新老投资者都关心公司的雇员和高管们能不能被照顾到。如果公司没有办法激励关键人才，当下的核心成员会去别处寻找机会，而求职者也不会来面试。一个忽视员工奖励和福利的组织结构是无法运作的，它最终会使优先股股东赚钱的希望破灭。

那该做什么来保护普通股股东？ 你应该重点关注当前和未来的员工。过去几年已经获得过股权回报的前雇员和前普通股股东已经不在那了，因此也不会帮助公司重新走上正轨。而留下来的员工则需要被保护，使得他们不在下一轮流血融资后被稀释效应所影响。因此，你应该参考以下措施来保护普通股股东。

- **慷慨地向长期雇员发放股权补偿。**新的股权奖励必须能反映企业目前的价值。在极端的情况下，新一轮融资会使得现有股权在实用目的上显得毫无价值，这通常被称为强行批准或股权清洗融资。如果使用这种机制，那你不能置前员工和普通股东于不利的地位。相反，你要做的是保持团队凝聚在一起，使公司顺利发展。
- **发行一类新的普通股，目的是给现有员工引入清算优先权（初级优先股）。**这是非常棘手的事情，而且通常只会用在团队中的超级巨星身上。更常见的工具是股权分离，这个我们会在本书第 11 章中讨论。
- **为作出里程碑式贡献的核心员工谈判奖励。**可以通过修改雇佣协议来实现现金红利的奖励。没有必要重写公司章程或发行股票。现金还有额外的好处，就是它可能是唯一有形且可靠的奖励手段。当普通股被优先股稀释得不值钱时，现金是最优的激励工具。

清除优先权

后期融资（流血融资）提供了一个绝妙的机会，可以摆脱在前几轮融资中奖励给投资者的可怕的清算优先权。新的投资者不希望给这些已经不属于目前团队的投资者（不会在新的融资中投入资金的前投资者）继续享受权益并得到好处。和继续参与条款一样，投资者既然已经不再投入任何资金，也就不能再得到什么好处了（见第 7 章）。他们被剥夺了优先权，他们的股份将被转换为普通股。被转换为普通股股票意味着投资者不会再参与投资者投票，投资者的优先清算权已被废除。风险基金煞费苦心地做了很多准备工作,这样他们以为自己就不会处于这种不幸的处境了。然而，在不同的市场以及经济低迷的时候，风险投资者也会低估资产管理公司的未来需求。此外，一个基金可以自主决定放弃一家资产管理公司，即使该基金有办法继续支持它。

一旦继续参与的机制生效，投资者会全力以赴投入资金进来。他们对保持优先权仍然很感兴趣，所以他们要把更多的成员踢出优先权俱乐部。因此，当公司最终走向清算，优先权也被削减的情况下，普通股股票持有者可能会是最终渔翁得利者。但是请小心，普通股持有者可能会在这场交火中陷入困境，并且这种动态的变化也可能导致强制裁定的发生。

战略投资者

“一旦你从战略投资者那里拿钱，你将永远无法从传统的风险基金那里拿到投资了，”我们的首席执行官和前风险投资者如是说，“战略投资是个单行道，或者说是死胡同！”

“那有什么不好？”我反驳道，我认为魔法事业公司无论如何都不再需要钱了。几个月后，随着看似富足的现金流逐渐减少，我的傲慢也就消失了，傲慢流逝的速度和银行里的钱消失得一样快。

当没有人再愿意把钱投进来的时候，战略多数投资者（strategic majority investors）可以成为获取资金的最后来源。这肯定不是你希望的情况，但这是一个向企业拉赞助的建设性解决方案。而另一方面，战略少数投资者（strategic minority investors）可以在进行传统风投公司领投的融资时派上用场。

战略少数投资：互相了解对方

对于投资者，尤其是大公司而言，战略投资者是一个强大的结构，可以鱼与熊掌兼得：战略投资者享有财政回报（投资部分）并同时享有公司的运营效益（公司业务）。谁不想参与？

就像克莱顿·克里斯坦森（Clayton Christensen）在《创新者的窘境》（*The innovator's Dilemma*）一书中告诉我们的那样，大型科技公司在创新方面显得无能，而小公司在这方面做得很好。因此对于大公司来说，与其自己来创新，还不如和小公司走得更近一些，没准他们做的就是下一个大发明。

魔法事业公司的 A 轮融资是由大量的战略少数投资者投资的，如思科和中国台湾合约制造商 IAC。思科是被 RFID 技术的前景所吸引，RFID 技术可以产生很多网络流量，这反过来又会推动更多网络设备的需求。IAC 则是被魔法事业公司设计的 RFID 设备所吸引的。

在大多数情况下，战略少数投资通常是一个双赢的局面。从初创公司的角度来看，利益非常丰厚。

- **如果你想要收购我们，请随意。**如果涉及收购初创企业的话，战略投资者通常会要求优先谈判权（ROFN）。虽然这样的条款很严苛，但它实际上是战略投资者的一种资产。如果投资者对收购这家初创企感兴趣，而此时另有其他人也想收购的话，那么双方就会进行竞标竞争。如果战略投资者对收购这家公司不感兴趣，那么他们也会像其他投资人一样，尽可能最大限度地从交易中获得回报。

- **看谁相信我们!** 获得你所在行业中的大公司的投资，意味着你将和行业内的强者站在同一个行列。当你想说服一个潜在客户相信你公司的真实性时，行业大佬的背书能给你创造奇迹。
- **信息是在“有必要知道”的基础上提供的。**作为少数股东，新的战略投资者将不享有董事会席位。因此，你可以控制你想要分享的信息。如果你不想让战略投资者了解最新最伟大的产品开发工作，你就不用告诉他们。[①]
- **你改变了想法。**那也没问题。如果战略投资者对你的公司失去了兴趣，他们将很快从投资者积极成员名单中退出，你不必再担心他们的意见。

总之，战略少数投资者能提供大量的价值，而且并没有什么实质性的坏处。当有人向你提供额外的百万美元时，接受就行了。只是要确保你不会对另一个更重要或者更愿意投入更多的战略投资者关上大门。

随着 RFID 梦想的蒸发，思科和 IAC 对魔法事业公司的战略投资目标自然都没有兑现。但是当初激励他们进行投资的初衷还是很好的，并且他们也确实帮助魔法事业公司渡过了困难时期。

战略多数投资：最后一招

当没有风险投资者、银行或天使投资人再愿意相信你公司的时候，由企业投资人提供的战略多数投资可能是你最后的希望了。你会期待哪种战略多数投资？他们能为你做些什么？

① 作为股东，根据保密协议，投资者有权了解某些信息。你应该坚持与战略投资者达成有关利益冲突的协议。

- **潜在收购者。**首先，在战略投资者的名单中，排在第一位的是那些会考虑在未来收购你创业公司的企业。其实平心而论，你宁愿他们立即收购你的公司，但有可能不是以你想要的方式收购，尤其在市场处境不佳的时候。此外，你当然不能直接告诉他们你多么希望他们会收购你。相反，你得绕圈来说，比如说："如果价格合适，我们会考虑卖的，但我们不知道你能否负担得起。我们觉得你还不如做一个战略投资呢，这样我们就能更好地了解彼此了，并且你在未来可以有更大的选择余地。"①

如果创业公司拿到了来自第三方的并购请求，那么那些潜在的战略投资者就会坚持要求得到优先谈判权（ right of first negotiation ,ROFN ）。ROFN 规定当有另一方表达出对收购感兴趣的时候，投资者应该有机会先提出他的收购价。这个条款一般没有任何问题，只要你避免以下情况：第三方根据交易规定完成了所有工作，而此时却被告知根据 ROFN 的要求，这个交易要移交给投资者。当 ROFN 开始生效时,你应当把程序都设置好，不要迟于投资意向书发布，也就是在任何第三方花费大量资源来完成交易之前发布。②

你之后可以选择一个方案以获得更多投资的钱，但在任何情况下都不要在预设限定期限条款下达成购买意向。

- **企业风险基金。**大型企业持有并且经营的风险基金，通常不会被授权来进行战略投资。他们主要是用来收益的。也就是说，一些大型公司利用其内部的风险投资小组和部门来管理他们所做的任何投资。在这种情况下，决定进行战略投资的部门或小组，要将交易谈判和资产管理公司的管理权移交给风投部门。

① 你的真实意思是你会一直跟他们协商收购，而且你只会卖给投标最高的人（其实此时你很绝望，一点点钱立马就能把你收买了）。

② 这种为投资者提供优先购买权（ROFR）的情况很少见，这意味着公司已经告知投资者关于它收到竞标出价，并允许投资者达到这个竞标价格来收购公司。

一些企业风险基金和普通的风投公司的行事作风很像。但另一些就会明显带有企业文化。这种差异部分缘于投资章程以及高管们的管理方式及补偿方式上的差异。风投公司的合伙人通过有限合伙协议所规定的管理费和附带权益来获得补偿。企业风险基金偏好以薪酬和奖金来进行补偿，以此更好地平衡资产管理公司的各类目标。风投基金不可能拿特价去买一家经济表现不佳但技术强的企业；但是对企业基金来说，这是一个不错的投资选择。

在你尝试从企业基金筹集资金之前，你要先了解这家公司的组织是如何架构的，以及它是如何选择和评估资产管理公司的。对企业文化了解得越多，你越能调整好你的说辞并把公司顺利地推销给风投者们。

- **客户。**由于各种各样的好理由，鲜有创业者会向他们的客户寻求资金。把客户身份和投资者身份混在一起是很棘手的，这是最后不得已的办法。如果你真的缺钱，并面临着揭不开锅的处境，你的核心客户实际上是损失最大的利益相关者。如果你的产品是他们业务的关键部分，失去你的供应和支持对他们来说会很麻烦。

当你试图向你的客户要钱时，非常详尽地告诉他们这个投资会牵涉到你的利益，如果情况非常糟的话，你需要他们的帮助才能反过来对他们也有帮助——“帮助我们就是帮助你自己。”几乎可以肯定的是，你必须答应一些特殊条款，包括以下几个方面。

- **如果你有多个急需产品的客户：给你的投资者优先提供产品出货和支持服务。**投资你的客户会关心是否能保证产品提供和服务支持。作为投资的回报，你必须得同意在给他们的竞争对手送货之前，先为他们服务。
- **如果你的情况有所好转：在收到收购请求时提供首轮优先谈判权。**没有哪个投资人客户愿意看到他们所投资的公司最后卖给了竞争对手。

- **如果你的情况更糟了：以知识产权的形式提供担保。**客户投资人要为事情变得更糟的可能性做准备。传统的投资人会要求金融担保，但客户投资人对技术和产品产权的获取更感兴趣。
- **如果你完蛋了：为你的技术提供第三方托管安排。**知识产权的使用权很重要，但对具体信息的获取也相当重要。一个托管协议会要求一个破产者发布其核心产品和设计信息。如果再也没人接这家创业公司的烂摊子的话，客户可以通过托管协议来要求获取这些信息。

THE TECH ENTREPRENEUR'S SURVIVAL GUIDE

当事情变得非常绝望时

第 1 课

不要绝望，因为你仍需要进行流血融资。安慰自己一下：你当自己必须完成一份漂亮的工作。而你的首要任务就是以最乐观的估值卖掉你的公司。如果最后一轮的估值没有达到之前的水平，你的经济状况也不会是最糟糕的。

第 2 课

试着和你现有的投资方进行交易。对那些已经投资过你的投资人，你会有更大的谈判筹码，他们更可能在可以接受的条件下进行投资。

第 3 课

与新投资人达成一轮不理想的融资，无论如何都不是好的结果。当你和新的投资人进行谈判时，把重点放在有关你雇员的条款方面。新的投资人应该会希望留下员工，并让他们继续开心地干下去。

第 4 课

如果你真的哪里都找不到钱，去找那些潜在的收购者、战略合作伙伴甚至是核心客户。这些人都希望你能成功。

09 裁员

不是我不喜欢凯撒大帝，而是我更喜欢罗马。

摘自莎士比亚的《凯撒大帝》（*Julius Caesar*）

创业公司的规模和他们实际的需求总是不能匹配。起初，他们太小而无法应付眼前的机遇，所以他们要招兵买马。接着他们变得过于臃肿而无法养活自己，然后不得不考虑瘦身。尽管大公司可以支付得起多余的开支并持续生存一段时间，但对于小型科技公司来说，接受错误的余量是相当有限的。如果你不裁员，或者只是裁得不够快，很有可能会导致整个公司失败，而不仅仅是损失一部分员工。

每次魔法事业公司猛烈裁员，总无法避免地要持续几个月之久。毕竟裁员总会发生。和裁员一样痛苦的是，有时你必须减少人员，因为这是你的责任，绝对不能感情用事。请牢记你的职责是保护整条船，而不是某个个体。你的主要工作是保护事业的未来，维护股东的价值。

解雇绩效不佳的员工

自己当老板，你以为可以轻而易举地摆脱表现不佳的员工。恰恰相反，解雇表现差的员工通常会是一个冗长而繁琐的过程，往往把员工和经理都搞得疲惫不堪。作为公司，应当遵循正当流程，以保护自己免受可能的法律制裁。

本质上说，你需要给任何员工第二次机会并帮助他做好自己的事。这个过程即所谓绩效改进计划（performance improve plan, PIP）。这虽然不是法律要求的流程，但为避免将来被起诉还是相当有价值的。

- 启动 PIP。邀请员工参加 PIP 会议，向他提出一份详细的书面报告，记载那些观察到的不足之处。还需要提供一份说明告知员工如何做才能改善之前的不足，并告知他，接下来的过程将会被监测。PIP 的持续时间推荐为 4 ~ 12 周，对于员工来说，可以被比较合理地去期待完成说明书上的任务，改善绩效。
- 接着，你需要定期与员工交流，以监督并讨论交付成果的进展。每一次会议控制在几分钟内，让员工清晰他的进展是否达成。
- 在流程最后，经理决定员工是否达成 PIP 所要求的预期改进。如果员工有提高，他可以留下；否则，经理可以解雇他。

这个 PIP 流程尽管没有完全消除法律风险，但有效地降低了很多法律风险。重要的是，所有的沟通都有书面记录。与员工单独的口头交流是没有法律效应的。

要小心 PIP 前的绩效评估报告。如果你刚对某员工给予过适度的肯定报告，不要指望在短期内以绩效不佳的名义解雇他。一个人的工作绩效不可能在短期内迅速恶化，这不可能解释得通。

经理决定一名员工开始 PIP 流程比较合理的时间是，他已经尽了一切努力来改善情况。因此，PIP 恰是正式声明，公司正尽一切努力保留员工，帮助他改善绩效。就我的经验而言，少有员工能够通过 PIP，成为有生产力的一员，而最终留在团队中。

有效裁员

“那些曾经建立霸业或改变世界的伟人们，也有过你这样的遭遇。也正因为他们经历过，他们才能拥有现在的成就。那是真理。”这是于 2009 拍摄的电影《在云端》（*Up in the Air*）中专职解雇顾问瑞恩·宾厄姆的经典台词，这个角色由乔治·克鲁尼饰演。在影片中，宾厄姆在全美各地飞来飞去，以帮助各个业主裁员。

向雇员说出他被解聘了，是一件非常不愉快的事情，尤其对于一名刚起步的创业者来说。我也很想把这件事交给宾厄姆先生执行，但我们没有费用去聘请这样的顾问。

你要的重点来了，如果经理或董事会决定裁掉一部分员工。你将如何应付这件不幸的事？

裁员多少

一旦做出裁员决定（RIF），首先要决定需要裁员多少人。董事会可能批准了一项金融计划，提出一个特定数量和类型的裁员建议。你自然的反应肯定是为每一个人而奋斗；你想尽量保留尽可能多的员工。然而相反，你需要慎重考量，也许一个较大规模的裁员才是更好的选择。

在你决定裁员的规模时，最好确保在可预见的将来不会再有任何额外的载员，这是你确定数量的重要指标。你最好能为公司创造一定的利润，这样就不必再裁员了。当你经历裁员的痛苦过程后，你也见证了留下来的人才是真正优秀的人才。如果团队中有不合格的人，现在是时候让他们另谋高就了。你宁可雇用新的优秀人才，也不要被不合格的人员拖累，尤其当公司处于危难的时候。

有没有一个恰当的时机

有很多关于一周内哪一天最合适执行 RIF 的争议存在。有人说周一最好，因为被裁掉的员工从周二开始即能寻找新的出路。周二能让他们保持忙碌的状态，没闲暇胡思乱想。与此同时，留下来的员工周二回到公司上班，仍然能看到公司在正常地运转。而另外一些人说周五最好，因为他们可以和家人度过一个周末，直到周一才会回到被解雇的现实中。不幸的是，RIF 不管在哪天执行，都是件不愉快的事情。

关于是在国定或个人假期之前还是之后解聘更好，同样存在争议。有些人认为，你不要影响员工享受最后一个假期，在那之后告知他们比较合适。也有人认为，假期刚好是他们的调整时间，为将来做好准备。如果假期后告知员工看来似乎更敏感，因为在你花了不少钱度假回来后，才知道自己被裁了。而对公司来讲,财务上的影响也是一样的。在任何情况下，都要支付给员工其应计和尚未使用的假期时间。

遣散费和遣散协议

即使你没有足够的遣散费支付，也要确保你把足够的补偿打包在一起，这样你就可以把它称为“遣散费”。至少包括几天的工资和一些安置服务协议。除了遣散费，你可以提供雇员所提出的失业福利要求。根据法律（统一综合预算协调法案 1985 [COBRA] ），你也必须为员工提供解聘后一年半的健康医疗保险福利。

作为遣散费的交换条件，离职员工需要与公司签署一份遣散协议，其中包含保护公司利益的条约。最重要的是，遣散协议再次明确了竞业禁止与保密协议，也包含公司的一般规定。

根据法律，必须给予员工几天的时间来决定是否签署遣散协议。然而，相对于签字速度，大多数员工都更需要钱和透明度。已经签署的协议，需要公示到考虑期结束。如果公司员工数大于 20 人，或被裁的员工中有年龄大于 40 岁的，那整个流程会变得更为复杂。《年长员工保护法案》（*The Old Worker Benefits Protection Act*，OWBPA）规定超过 40 岁的员工，最多有 45 天时间决定是否签署遣散协议，而且必须给予他们额外的撤销决定的时间。[①]此外，公司必须通知老员工所有的裁员细节，包括被裁员工的头衔和年龄以及未被裁员工的职务和年龄。[②]

解散会议

通过个体会议告知员工被解聘，会议最好不要超过 30 分钟，但可以非常短促。最好在已被裁员工发话之前，就开始最后一个受影响员工的会议。这意味着你需要同时安排多个平行会议。当员工们从第一轮面谈得知消息时，第二轮面谈已经开始了。

会议必须由至少 2 名代表管理方人员参与：通常是员工的直接人事经理。会议期间，最好简单扼要地陈述事实：（1）“你和其他人因为以下理由被解雇了”；（2）“这是你的权利，这是打包的遣散费”；（3）“这是将来几天中会发生的事情”。没有任何讨论或谈判的余地。同理心固然是好的，但你给予的任何建议都应该集中在员工的专业和个人的未来上。

① 给予他们额外的撤销决定的时间。

② 就业咨询律师了解 OWBPA 的所有具体要求，和适用于你的具体规定。

打包箱

当员工在解聘会议时，他们的电子邮件、网络许可应即刻被终止。会议后，即可要求交出他们的电脑、手中的钥匙，并收拾自己的个人物品离开办公室。

当我第一次亲历这种冰冷而残酷的程序时，我感到非常愤怒。但在你实施了几次之后，你便能领会它背后合理的基本原理。你只是不想让一个心怀不满的员工窃取重要的知识产权、互联网上的源代码或者和别人讨论放弃、在众人面前制造不良的感受。这通常不会发生，不过一旦发生，后果很严重。

公司会议：照顾幸存者

在解聘面谈结束后召开的公司会议，无疑是可怕的裁员日最重要的一件事情。当所有的离职员工已经离开后，你需要说服留下来的员工：（1）管理层解雇了你的同事或朋友，他们并不是一群混蛋；（2）公司通过裁员，将继续运行并获得成功。确保公司需要留下来的每一个员工会持续全情投入并努力工作。巧妙地暗示留下来的员工都是绩效高的员工，也是公司未来成功的基础。然而，不要说任何与解聘员工不一致的话语，因为这些声明可用于歧视索赔。

最重要的是，说服你的员工裁员是一次性行为，将来不会再发生。如果你没有传递这一重要信息，员工很可能在当晚即刻就去寻找新的就业机会。当然，最好的员工会成功地找到新的工作。如果你准备在近期招聘不同技能的岗位，告知这些岗位是什么。

裁员通常被看成不详之兆。一般员工会认为公司运营不良，而支付不起所有员工薪酬。所以每个人都以为还会有某种形式的减裁，当然，大多数人害怕被解雇。当裁员发生时，你可能会认为幸存者会对他们同事的离开感到不安。事实上，那些留下来的员工会带着轻松的心情回家，他们不用担心自己现有的工资了。

在会议上提供些食物，传达公司在银行里仍然有资金，并将继续支付工资！当然不要提供太多的餐食，寿司就不太合适了。

公共关系：如何把坏消息变成好消息

裁员可不是做广告的时机。它通常被认为是经营困难（通常是真的）的象征，及未来麻烦的指标（不一定是真的）。然而，即使没有新闻稿，裁员的消息也会在业内不胫而走。因此不管你喜欢与否，你的主要客户、合作伙伴都会很快知道发生了什么。

抵消这些负面传闻的好方法是发布一个不相关的积极的新闻稿——比如发布一款期待已久的产品，公开一个主要的合作伙伴，或宣布公司正调整方向。读者会从新闻稿了解公司在 RIF 期间的积极而具体的新举措。这样，RIF 会被认为是达到某一特定目标的积极举动，而不是陷入财务困境。[①]

上市公司的股价通常会在裁员后上涨。这种现象的合理解释即是对 RIF 影响公司财政的积极预期。如果你正在寻找额外的资金，裁员可能对你有利，相当于获得一笔额外资金。投资者更倾向于投资那些有成本控制的公司。

裁员时该说些什么

被告知你不再被公司需要时，这种打击是毁灭性的。不管你说什么都不能改变事实，你正在把他人从悬崖上推下去。和雇员的感受一样，任何

① 再次提醒，确保发布的信息与告知离职员工的讯息、理由一致。

经理也会感到疲惫、不愉快甚至创伤。某些语句和词汇会帮助你减轻感情伤痕（见本章开头宾汉姆先生的话）。提前想一想你该如何开启这段对话。

有时，你会得到员工的帮助。

雇员（一走进人事经理办公室）问:“是我想的那件事吗？”

经理（松了口气，他不必大声说出口了）回答道“很不幸，是的，我们感到很遗憾。”

希望你是幸运的，在执行裁员时不会发生混乱。但如果事情不像计划的那样，你可能想知道，万一发生以下状况该怎么办？

- **有人开始在解聘会议中抽泣。**此时情绪失控是可以理解的。如果告知员工，她不是唯一受影响的人，她可能会好受些。管理层需要强调离开公司的是一整组人。
- **有人威胁要采取法律行动。**在此刻头脑发热状态下，很容易做出威胁举动，但他们通常会在事后放弃诉诸法律。管理层需要尊重法律规则，遵循流程，并尽可能保持平静。
- **有人教唆未被裁员工闹事。**有些离职员工会立刻在同事中发起一场挑衅，表达对管理层或公司的不满，如此的行为应当立刻被制止。而那些仅仅想说声再见或需要友善安慰的离职员工，管理层应当宽松友善对待她们。
- **有人在办公室内发生肢体冲突。**我还从未经历如此不幸的场面，但我承认，在第一次裁员时我雇用了保安以防止这事发生。我认为那时安全性比抱歉更为重要，我需要做好万一场面失控的准备。我们在一间空置的办公室内暗暗安插了一位看上去很有威慑力的保安。幸运的是，整个裁员始末，他都不需要出场。

如何解聘高管

在短短几年时间内，魔法事业公司聘用又解聘了 5 名销售主管。这些高管们都无法为公司带来足够的财务收入，从而使魔法事业公司茁壮成长；相反，他们都让公司付出了昂贵的代价，无论是金钱还是时间。我们永远不确定他们的失败到底是因为他们的过去还是公司本身，抑或是我们切入的市场问题。

像对待普通员工一样，我们等待了太长时间解聘他们。我们喜欢他们的为人，他们也确实努力尝试做好工作。但问题在于我们需要相当长的一段时间才明白，某位高管不合适。

销售主管相对而言比别的主管更容易评估，因为他们的业绩最终归结为几个关键指标。然而，在开始阶段，你不得不放宽指标，总不能指望他们进公司的第一天就能赚钱吧。当竞争对手也没卖出什么好业绩时，解聘他们似乎也不太公平。即使他没卖好，也真说不清是谁的问题。不过，你最好还是让他离职，以节省开支日后在战。

当解聘高管时，有时会用不同于上述流程的方式。但是，如果可能的话，尽量以双方同意的方式，允许在他离开的时候让他以自己的方式来处理自己的邮件。如果高管能够真的赞同好聚好散的观念的话，那你的压力就减轻不少，这是最可取的方式，即使他们离开时表面上可能会大喊大叫的。当管理层宣布高管离职的消息时，对不同的人需要有以下不同的解释和说法。①

- **对你的员工。**"今天是有效果的，约翰将要离开公司。我们一致认为公司需要一位不同的天才胜任这个职位。约翰也会继续认同我们正在做的事业，并向大家友好地告别。"

① 确保在任何非贬低条款上的签署是一致的。

- **对董事会。**几年前你还认为约翰是大神级的人物，并为他付出了巨额签约奖金和猎头费。而事实上“约翰不是这个职位的正确人选。由于约翰的能力缺失，使我们丧失了许多好机会。是时候该换人了。我们确保在这个过渡时期，约翰将全力配合。”
- **对约翰的离职公示。**“如大家所知，约翰在某些领域未能达成期望，所以我们决定分道扬镳。我们已开始寻找更换人选。同时，我们依靠各位的辛勤努力，以确保我们将来不会继续下降。”
- **对你的客户。**“约翰已经离开公司另谋高就了。您的日常需求将由新的客户经理接替管理。我们向您保证我们与客户之间的业务方式将不受任何影响，不会有任何改变。”

最好尝试一个一个解聘高管，即使解散他们是相关联的。因一位高管的能力问题而解聘他，这很容易解释。但当多位高管同时离开时，看上去像公司遭受了严重的打击。更糟糕的是，在员工和外人眼中像是管理团队对公司的未来失去了信心，而集体跳槽了。

结束合作对于个人而言应该不会来得很意外。慢慢地切入主题，让这位高管自己得出结论，他与公司的雇佣关系将结束，这个职位需要换人。销售人员倾向于相信数字，数字不会说谎。而其他部门的高管往往不太乐意接受公司对他们贡献的不满，或他们的能力与公司的需求不匹配这一事实。可以多开几个会议明确这点，让他们改变观念。

一旦高管即将离职，你需要和他共同制订一个过渡计划。

标准解聘条款

在标准解聘条款中，你同意将某天定为雇员的最后工作日，那天结束后，出于任何目的与公司的关系都将结束。你提出一份遣散协议，包括遣散费。实际数目视公司的财务状况而定，或根据之前发生过的类似状况而定。尽量避免依据过去的做法,但如果你总是支付三个月薪水作为遣散费,那就不要突然改变这项政策,以免惹上官司。

为了换取遣散费,高管需要同意下列全部或部分条款。

- 重新确认所有的保密条款,以及竞业禁止规定,如同当时就业协议上签的一样。
- 可能附加相对于特定竞争对手、产品或商业模式的竞业禁止规定。在该高管执政期间,市场和竞争环境很有可能发生了改变。遣散协议能够提供相应地保护公司的机会。
- 禁止雇佣条款。高管不得间接或直接雇用离职员工。
- 禁止贬低条款。这条对公司和离职高管都有效。
- 本公司常规发布的终止就业的条款,及其他任何相关事宜。

没有遣散费的过渡计划

在这种情况下,高管同意以下类似的遣散协议。取代遣散费,他将继续为公司工作一段特定期限,可能作为全职员工,也可能以顾问的方式。

在这个过渡时期,你应该改变即将离职的高管职责。给他分配一位新的汇报经理。在与客户交谈时,派另外一位销售经理同行。在过渡时期,监控他的邮件(需要征得他的同意),以取得和任何客户的沟通。

分配给即将离职高管一项非核心任务。比如,调研一个新的细分市场或新产品。最坏情况的是,他没有任何产出。最好情况的是,在过渡期结束后,你将获得一份新的商业或营销计划。它的花费不会比你非法终止合约所付出的法律费用高。

THE TECH ENTREPRENEUR'S SURVIVAL GUIDE

这不是你的错

第 1 课

管理跌宕起伏的创业公司难免要经历裁员。你不能感情用事。当需要保护整个公司时，你必须采取裁员行动。

第 2 课

当因绩效不佳而解聘员工时，你需要证明给员工看，公司对她的不足之处给出了合理的通知，并给予机会帮助其改善。书面沟通文档是至关重要的。

第 3 课

当你裁员时，要把关注重点放在留下来的员工身上，尤其是绩效表现好的人。你必须让他们对公司的未来感到放心，以免他们跳槽另谋高就。

第 4 课

可以通过过渡计划，友好地切断高管的权力。这将节省你的金钱和感情，这似乎不太会伤及友情和同事关系。

THE TECH ENTREPRENEUR'S SURVIVAL GUIDE

第三部分

退出

出售你的公司

How to Bootstrap Your Startup, Lead Through Tough Times, and Cash In for Success

How to Bootstrap
Your Startup, Lead Through Tough Times,
and Cash In for Success

10

危机中的创业动力

生活不会总抓到一手好牌，如何打好手中的一副烂牌才是关键所在。

威廉罗伯特·路易斯·史蒂文森

（Robert Louis Stevenson，1850–1894）

在初创企业中，很难区分真正的危机和一些平常业务上的困难。几年以后，感觉就像经历了一场漫长的危机——从未松懈过，神经一直紧绷着。最终，你也许会发现对此感到疲惫不堪，甚至厌倦第二天早上返回工作岗位。但是，你已为此倾注了那么多血汗，难言割舍。此时你可以尝试为自己的牺牲换来些回报。

疲惫的创始人

创业者注定是一群不安分的人。当他们开始创业时，他们就倾注了自己所有的个人精力。他们充满激情地工作，几乎忘了生活中的其他任何事。

然而，当创业初期的热情遭遇到企业下一阶段成长的困难时，创始人很容易不堪重负地感到梦想幻灭和身心疲惫。

长时间的漂泊与不确定会令人精疲力竭而产生放弃的念头。事实上，你若没有快速地放弃或公司获得惊人的增长，都会让你觉得在其他方面错过了更大的机会。这两种情绪会互相助长。既然没有经济回报，为何我还要如此努力地工作？ 我的小伙伴们在其他领域已经相当成功，而为何我还在在这里沦陷？

当我陷入失望与沮丧的谷底时，我提醒自己，我有着世界上最理想的工作。它不是一个空洞的自我安慰。我真的不羡慕任何一位在企业工作的朋友或熟人，不羡慕他们的职位和学术地位。总之，我必须让自己快乐或至少比较快乐，并继续在我创建的公司里快乐地工作。不幸的是，实际做起来并没那么简单，不是因为我的联合创始人，和联合创始人之间的摩擦很快就能克服。

当创始人真的感觉累了，厌倦了，没有动力了，他已经准备好离开，不可能说服他留下来。财务争论无止无休。创始人看上去已经拥有了很多股权，却可能完全没有价值。其他一些额外的举措也无法改变他。此时有现金是最好的，但如果公司经营不善，现金很难获得。还有，投资者不会给没有积极性的团队额外的补偿的。

高管们若是不再胜任自己的工作或成为抱怨者，他们是可以被替换掉的，而创始人却不能。创始团队的活力或创始人“事业重于生活”的人格动力对于一家小企业来说是关键资产。当创始团队不健在了，或不像之前那样拼命工作了，那这家小企业的生产力将受到严重威胁：投资者不愿意再投入资金；员工会失去他们的核心楷模；客户对供应商的长期生存能力会丧失信心。

如果一家公司有多位联合创始人，这种情况更为复杂。在魔法事业公司，当我们最终卖掉自己的公司时，已经有三位联合创始人相继离开。每位创始人都因不同的原因而离开。每一段离别史都充满了戏剧色彩，让每位当事人都疑惑公司能否再继续活下去。最后一位离开的创始人就在公司被收购的前几周。当时我们非常害怕这件事会产生一系列不幸的连锁反应，比如影响员工情绪而引发更多的离职，甚至并购交易谈崩。

当一位创始人或关键贡献者明确自己将不会再为公司付出更多时间的时候，唯一可行的途径似乎就是卖掉公司。如果创始人不再承诺公司的未来，为何不让他放弃，从现有的公司尽可能地换回更多的钱？不幸的是，这不是麻烦的终结，而是开始。任何合理的或者有经验的收购方都会坚持让原来的管理团队包括创始人留下来。创始团队独特的重要性将超越收购继续延伸。

在收购人眼中，创始人的离开将大大削弱公司的价值。此时创始人的离开对能否保留完整核心团队带来了巨大的压力，无论团队成员本来是否另有打算。当魔法事业公司的一些创始人决定离开时，引起了收购方对合作安全性问题的争论。一位利益相关者提出了一个有趣的但确实不可能的声明，他认为风险投资企业依赖创始管理团队隐性的道德责任，即他们应当继续留在被收购公司里工作。

如果不能劝服想要离开的创始人留在公司直至收购成功，那无疑给收购谈判增加了巨大的困难。当然，如果小心处理此事，还是能峰回路转的。我们该做些什么来挽救创始人离开的弱势局面呢？

你必须找到一个可信的理由解释为何创始人离开，并且他的离开对公司的每个人都是利好的。最有可能的是创始人自己感到不安，对业务前景及盈利能力不确信，而不想在他联合创造的产品身上再花费更多的时间。如果把这层意思传达给潜在的收购者听，应当这样说："创始人个人不再对公司的技术感兴趣了，并且想离开。他正在寻找其他完全不同的行业里的兴趣点。"明确他会去完全不相干的其他行业。因为离职创始人很有可能成为被收购公司的竞争对手，而使这桩交易黄了。

收购人理解，创始人出于对生活方式或个人喜好的考虑，可能不会再对现有公司或并购公司作出贡献。经济上的回报或留下来的奖金也不足以补偿个人的牺牲。与其留下一个不幸福没有产出的关键角色，还不如让他离开，雇用一位更合适的人。

最后，还是顺其自然的好。公司需要不同的天才来继续前行，现在它已经是大公司实体的一部分了。经验丰富的管理者应该可以取代之前闹着玩的创始人，接管公司了。

不耐烦的投资人

投资人越早看到回报越高兴，他们喜欢尽可能迅速地进行投资。一只典型的基金预期在 5 ~ 10 年内清算。清算前，风险投资团队开始筹集和投资下一只基金。

因此，简单的现实问题往往会让风险投资公司一旦遇到合适的机会，就爱急于清算投资组合公司。除了风险投资的正常程序外，有其他许多原因导致风险投资人退出，不论对于初创公司来说是否慎重。

- **我们也希望能有更大的回报，但是时间到了。**股票投资人都希望最大化他们的投资。然而，他们在不同时期的期望与承担风险的水平是不同的。天使投资人可能安于为本地的初创者作出贡献，而不在乎能拿回来多少回报。而另一方面，知名的风投公司只有当产生了 10 倍或以上的回报时才会考虑退出。根据你投资人的期望，他们会建议你是否退出。
- **哎呀，我们没钱了。**职业投资基金会拨出足够的资金以便参与后续几轮的融资。如果他们没有足够的资金，那相对于其他跟投者来讲，他们就会丧失股权。

为了避免这种状况发生，投资人会推动退出，直到有新的资金注入。

- **谁会想到，我们的资产负债表难看得可怕！** 当私募基金偶尔遭遇困难的时候，会促使他们投资的公司进入清算。并且如果基金在投资中运用了杠杆，那种情况会造成其投资的组合公司瘫痪并被强制卖出。
- **我们喜欢假装这些是我们自己的钱，可实际上不是。** 风险投资公司是有限合伙人的资金管理者。尽管这些有限合伙人对单独的投资没有直接决策权，但他们的意见仍然相当重要。一旦一位有影响力的有限合伙人想要收回他的资金，普通合伙人就可以迫使被投公司出售，以回笼资金。

正现金流

如果公司运营超过了盈亏平衡点，投资者的杠杆作用明显被削弱。不需要额外运营资金的企业几乎可以肯定能抵御投资者的非份要求。当然，产生正向现金流说起来简单，做起来很难。

事实上，要获得正现金流账面利润意味着迅速减少开支。如果不裁员，消除“利润和亏损”中的“亏损”是很难的，所以最快速的保存实体生存的方法即是裁员减小规模。裁员需要经过董事会特别同意，但它不会被投资人阻止。

重新启动 / 重组：让我们与不同的投资团队重新合作一次

与其让公司陷入破产或抵押拍卖，管理团队和投资人会考虑重组公司以主动给予公司另一个机会。如果公司在利润最小时，这意味着投资人会放弃换取普通股权的优先认购权。管理团队会尽量激励员工，以保证公司业务顺利前行，为将来的退出做准备。如果成功退出，每个人都将获益，包括投资人。

如果需要额外的资金，必须找到新的乐意投资的人。老的投资者需要做好股份明显被稀释的准备，让新的投资人接手。这一操作无疑提供了机会，释放那些持有普通股票、已经离开公司并不再帮助公司成功的股东。对所有参与者而言，这又是一个新的开始。

破产：我们可以买你，但只有当价格是合适的时候（指最低价）

申请破产保护时，首先要让优先债权人感到满意，最重要的债权人当然是银行。其余的资产将根据股票资历在优先股股东中分配。破产申请后，保留创始人和高管对公司的控制权相当困难，一般需要和现有债权人合作。

如果管理层想继续运营公司并掌管公司，破产申请是一个安排收购管理层很好的时机。新的投资人可以以低价购入公司，而老的投资人的股份被稀释。管理团队可以好好地享受新投资人的实力，并会发现自己已经不处于一个不幸和敌对的地位了。

受控银行止赎：最后的手段

受控银行止赎是一种可能的但很棘手的保护自己的策略，用以反对不再合作的投资者。有了银行贷款，当公司财务状况恶化时，债权人就有权控制公司。贷款人强制执行财务契约，以监控公司健康状况和各种默认的条款（详见第 4 章）。如果指标未达成，银行有权取消公司抵押品赎回权，拿走资产所有权，并把公司卖给银行挑选出来的任何人。

可在现实中，银行通常不会在公司首次违返契约时就取消抵押品赎回权。相反，银行更愿意与公司谈判重组贷款。当事态真的发展到风险很大时，银行会寻求合作团队介入，让他们帮助找到解决方案，以保住自己的本金和利息。这意味着出售资产，并将某些员工过渡给新雇；也可能是收购管理层，管理团队仍然领导负责重组，包括寻找新的赞助商以归还银行债务。

在任何一种情况下，取消抵押品赎回行动都会让公司资产表恢复正常。现有的股东丧失所有权利益，银行通过重组努力获得现金收益。别忘了用新的股权激励你的员工，此时做这件事最好，因为此时的股权价值很低。

警告：跟银行玩抵押品止赎这一招是最后的大招，风险非常大，玩不好很有可能会后院着火。别轻易做，除非确定不得不做，一定要找一个好的诉讼代理。

通过杠杆进行反击

如果投资人坚持要出售公司，并且没有上诉的任何策略可用，管理者仍然有一定的自由度去减少被迫退出带来的负面影响。管理者和员工是具有优势的，因为一家小型科技公司如果他们的专业团队都离开了，这家公司是卖不出去的（参见第 11 章）。

投资人对收购后发生的任何事情都不感兴趣。而另一方面，收购方只关注收购后的事。你的新上司会尽力配合你补偿管理人员和员工，以保证公司将来的发展。你需要保持警觉，以确认这样的激励进行了公平构架的。这样做很合理，保留一部分奖励对员工进行绩效激励；没必要把所有雇员的报酬都留在投资人手里，这相当于置资金于风险中，当投资人走的时候会带走所有的资金。

如果收购是以结构性股票交易的形式进行的，那就要确保股票出售限制对不同的接受者是一致的。除了作为保留的激励股票外，其他股票的锁定和限制条款对投资人、普通股权人和员工应该是一致的。

出售公司的最佳时机

体面地出售高科技公司的机会不多，而且出现的间隔时间较长，俗话说“买涨不买跌”。当创始人经营不善时，想出售公司也会很困难。当经营良好时，看到多重收益的兴奋前景，很容易忽视眼前的现金不足而错过了将公司卖个好价钱的时机。然而一旦错过出售时间，下一次机会可能要几年以后再出现，甚至不会再有。所以，当碰巧遇到一个可以出售的机会或为出售做广告的机会时，一定要好好抓住这一宝贵的机遇。

事后看来，我才看清我们应该卖掉魔法事业公司的最佳时间点是什么时候。我们最大的竞争对手抢到了这个机遇所以卖了个天价，那时 RFID 技术被认为是明日之星，每家大型科技公司都想拥有它。当时我们还没有从外部获得任何资本，如果卖掉公司，创始人和员工可以把每一分钱都揣进自己兜里。唉，我们对前景如此乐观，以致于都没有考虑过要出售公司以变现。相反，我们大大地稀释了自己的所有权，还看着自己的产业快速地进入平稳下降期。这不正印验了“事后诸葛亮”那句话吗？

未经检验的假设

当你尝试判断目前是否是出售公司的好时机时，不妨采用未经检验的假设这一概念。每次当年轻公司达到赌自己未来的决策点时，他们都会提出一个隐性的假设，策略性地诱惑投资人而获得投资。当时间过去，当假设需要被检验的时候，却很多次被验证是错误的：市场压根没按这个方向走；新研发的产品正失去竞争力；技术需要更长的时间才能达到黄金期。当主要的商业假设得到验证时，此时公司很好卖（案例 A）；未经检验就难办了（案例 B）；如果假设被检验是错误的，那就根本卖不掉了（案例 C）。

试着向潜在收购人解释，尽管你刚刚被证明是错误的（案例 C）但你还是看好未来。假设你的产品以失败告终，那你必须保证下一个产品获得巨大的成功。这个谈判很艰难吗？不！换个思路，大多数初创公司会很自然地给收购方看自己即将发布的新产品（案例 B）。互联网公司在 20 世纪 90 年代末提出一个最大的初创假设：数以百计的公司宣称如此多的用户和网页点击率可以转换成收入和利润，而这些假设只有被少数公司证实是真的（谷歌、雅虎和亚马逊），而大部分互联网公司（dot-coms）被证明彻底错了。

在初创公司的生命周期里，当你面临一个主要的未经检验的商业假设时，花时间去思考即将到来的验证阶段。考虑公司的现实前景，是否现在就是把股权换成资本的最佳时机。

给予自己乐观的心态去实现突破，并坦诚地对待自己。你比其他任何人都更清楚自己的公司和行业状况。用你的睿智洞察一切，在假设被证明是错误之前就采取行动。

出售原始投资

自筹资金自力更生的高科技企业只能到达一定的高度，因为受资本短缺的制约。他们冒险接受外部资金用于产品研发、市场营销或销售工作。融资后，对投资人来说需要投资回报，于是乎资本主导决策，普通股股东成为了第二受益者。可如果管理层出售公司而不是引入资本，那么所有的收益都将归普通股股东。

一个简单的例子和计算说明了如何在资本到来之前强制退出。让我们假设一家自力更生的公司以原始估值筹集同等资金，即他融资后的估值是原来的 2 倍了，普通股股东所有权稀释了 50%。再假设投资人获得 1 倍参与分配的优先清算权（参见第 7 章）。如果公司在融资之后出售，出售价格必须是原始估值的 3 倍，才能让普通股股东拿回等额的投资回报。不用说，让企业价值增加 3 倍不是件容易的事，也许需要很久很久的时间，而且我们中的许多创业者从来没有让公司增值到 3 倍。

出售原始产品

当你开始研发一个新产品时，假设这个产品将解决技术问题，将按照预定计划投放市场并获得商业成功。而这些假设是未经检验的，所以每一个假设都具有风险性；集中在一起几乎是可笑的野心爆棚。

在产品开发过程中会出现许多错。所以开发过程是昂贵的；它总比预设的时间要长很多；而且预测客户的真正需求几乎是不可能的。当然如果很容易，人人都可以研发高科技产品了。毕竟，当产品成功时，是相当有利可图的。技术上复杂的产品几乎都超出了预期的时间框架。唯一改善时间进程的方式是设立一笔可观的奖励给第一个按时完成的人。大型公司在研发产品多次失败后会采用这样的方式，当然初创公司不会。

一旦你花了大量的时间研发产品，却发现该产品根本不起作用，那才是真正的问题。当大公司产品研发失败后，他们会有第二次机会。初创公司则不然，很少有足够的资金再做新的尝试了。如果你有一个占主导地位的创新且具潜力的产品，考虑下谁是你潜在的买家，他可能会投资研发产品。让买家来赌一把可能是更好的选择。

与广阔的横向技术相比，产品研发具有另外一个缺点。如果你从一个技术开始，然后将其发展为一个特定的产品或服务，那你将无法避免地将失去那些想买技术本身的买家。一旦你在某个应用领域应用了你的知识产权，就很少会有买家对其他领域感兴趣……除非，你的产品没能像所希望的那样，或者能用便宜的价格买下你的创始公司。

出售原型

如果我们创建一个产品原型，它们最终会被商品化成创新技术新产品并被发布到市场上。没人能够精准预测一个新的创新产品是否会被市场接受。有条不紊严谨的产品营销虽然能控制一定风险，但仍无法消除商业预测是否成功的巨大误差幅度。

这也是商业化的不幸现实，科技研发之后还需要投入巨大的费用和时间。工程和设计工作的花销，相对于产品的整个市场推广过程而言，只是冰山一角，尤其是硬件产品。为了销售产品，你必须完成制造设计，找生产厂家，发展分销商，撰写文案和相关培训材料，确保产品认证符合法规，调查出口限制，以及申请专业会计等。你必须办好所有这些事宜，才能明白你的产品是否受市场欢迎。

开发一个产品原型或向潜在的收购者销售一个概念，相对而言是便宜且颇具乐趣的事。产品原型可以天马行空也可以很基础，复杂或简单，精致或粗糙，只要原型传达了未来产品的核心实质，它就达到目的了。

最有创意的技术人员通过展示新功能而获得了极大的满足。很少有技术专家会对产品开发的琐碎杂事和营销感到兴奋。当你开始你的商业冒险之前，不妨对你自己和你的公司做一些深刻的审视，看看自己是否真的已经准备好发布产品了。潜在的失望和无奈常常不幸地相伴而至。也许你可以选择更有意义的方式，出售你的公司以换取资金而后进入下一个精彩的研发启程。

出售预收益

假设你已经做好了产品商业化的一切事宜。销售程序便算是启动了。收入一季好过一季，预示着光明的未来。

接下来，你的下一个挑战是提高收入水平，使每月的毛利润超过你的支出。纸面上看起来这是两条多么容易交叉的轨迹线。可在现实中要困难得多。在你之前，有无数创业公司未能达到盈亏平衡点，这儿有一个长长的原因清单：市场需求变化、竞争压力、产品推出延期、毛利润低、商品化和销售渠道不足……总之在众多公司中，亏损、失败的风险相当高。期望你能挤进幸运的少数人阵列。

当利润看起来合理或可预期的时候，可以考虑出售你的公司。适合出售的窗口期在达到盈亏平衡点之前，并且很短暂。等待销售呈现增长上扬的趋势，但增长的幅度却不大。一旦你具备可证明的增长时，你的"可获利故事"就有简单的计算依据了。一旦增长遇到停滞或下挫，你高调的收购故事听起来就有点像童话，没那么可信了。

魔法事业公司没有在那时退出，当时零售行业供应链让我们感到市场对无线射频的需求貌似是无止境的。收入增长是如此地迅速、如此之多，以至于让我们认为繁荣将永远持续下去，从而错失良机！ 当我们最终出售公司时，幸运地得益于几个季度的温和增长，甚至得益于一家零售相关媒体的炒作——零售业继射频行业爆发后刚刚拉开序幕。

困难／简单的象限

在研究生院，针对技术演示版本，通常我们会使用如表 10—1 所示的矩阵分类。

表 10—1　针对技术演示版本的困难／简单矩阵分类

	看上去简单	看上去困难
实际简单		好的演示板：最划算
实际困难		

因为我们从来没有太多时间准备，所以成功性更大的演示版本是看起来很难但实际简单的版本，这样的版本既能或多或少解释清楚、容易实现，又能让外行印象深刻。

当你考虑好技术公司的最佳退出时间方案后，可以使用这个“困难/简单矩阵”并稍加修改（如表 10—2 所示）。

表 10—2　针对高科技公司退出时间的困难/简单矩阵分类

	看上去简单	看上去困难
实际简单	赢利后退出	赢利前退出
实际困难	甚至不要尝试	有收入前退出

- **看上去简单/实际上也简单。** 你必须看到技术可以通过各种方式商业化。如果你不做，其他人也会做。换句话说，竞争对手的准入门槛是很低的。如果收购方看不到商业价值的话，是不会乐意支付任何业务上的费用的。
- **看上去困难/实际上简单。** 在潜在的收购方手里，你已经解决了困难的技术问题。然而实际上，技术实施相对而言比较简单，不算昂贵。收购方对你的成就给予的肯定比应得的更多，更信任你。这时可以考虑在盈利前出售公司。
- **看上去困难/实际上也困难。**你处在一个比较有优势的位置，可以围绕这个已被证实的概念来阐述你的故事。从收购方的角度，你已经解决了一个困难的问题，竞争对手的进入门槛也相对较高。你有抢占市场的时间优势，即使你还未开始你的商业化战略。考虑在有收入之前就出售你的公司。
- **看上去简单/实际上困难。**第一时间从技术上远离这个。如果某个书呆子要想证明它可行，不要期望有太多的金钱回报或奖励。

当你因合适的时机已经来临而决定卖掉公司时，那就赶快行动吧。市场和公司前景很快就会发生改变，你的窗口期可能在你知道前就会很快关闭。收购者有一种倾向，拖延企业并购过程，大多因为拖延可以降低他们的风险。你必须努力推动，因为收购方风险的缓解，就意味着你和你的企业风险增加。

THE TECH ENTREPRENEUR'S SURVIVAL GUIDE

从不放弃，永不放弃

第 1 课

如果在公司并购期间，一位创始人或关键雇员离开，将使并购变得麻烦。一定要确保你手头有个好故事来解释各种现状，减少负面影响。

第 2 课

如果你的投资人要迫使公司退出，你可以好好利用作为创始人和员工的有利地位。因为交易将大大受益于与关键雇员和管理团队的合作，所以投资人和收购方将以保障员工利益为基础。

第 3 课

想想出售公司的好时机，当最佳的并购时机自己出现的时候，要好好加以利用。好的时机不多并且相隔时间很久，他们可能出现在产品成型前，公司产生收入前，或公司产生盈利前。

第 4 课

当你决定出售公司时，根据预测的未来商业成功的可能性来策划出售时间。举个例子，在收入增加时出售，即使收入的基数很小。

11 退出策略

生活不会总抓到一手好牌，如何打好一副烂牌才是关键所在。

摘自莎士比亚的《李尔王》（*King Lear*）

出售高利润公司是一件有趣的事，出售高成长性公司同样如此！但若公司已处于长时间亏损，你该如何出售呢？当面对强势地位的投资人时，该怎么做呢？或者还欠着银行债务？当很多季度过去后，公司总收入依旧未能有明显改善的时候，你又该怎么办？

雇用一位投资银行家

当陷入创业困境时，常有人建议雇用一位投资银行家。无论是公司迫切需要资金，还是想出售公司，当我们把这些事务委托给专业人士处理时，整个局面看起来便容易控制得多了。投资银行家知道合适的人选（那些金主）；他们成天与那些潜在的买家保持联络；而且他们知道如何把公司卖个高价。投资银行家是创业者们的救星。当然客观地讲，雇用的银行家并非能打包票解决创业公司所有的特定难题。

银行家应该能帮助促成并购交易通过:（1）把感兴趣的买家带到谈判桌边;（2）激励他们出价；而且（3）达成一笔对卖方有利的交易。然而，当我们最终卖出魔法事业公司时，投标人均来自之前与我们独立合作过的公司，且最后的谈判结论是由我们的 CEO 得出的。我不禁在想，当时我们是否对银行家抱有不切实际的期望呢?

但我们的银行家确实作出了重大贡献。在魔法事业公司的并购过程中，每当陷入谈判僵局，他总是想法设法让谈判继续前行。并购过程中的很多绊脚石，基本上是由我们团队成员中的不同意见引发的。例如，我们之前的投资人迫切想撤离，以至于威胁到整个并购过程，差点谈崩。也有创始人认为他们本人的价值超过了这笔交易，故而对签订竞业禁止协议感到愤愤然。我们需要照顾好所有的员工，他们才能带领公司继续前行。这些矛盾导致谈判不止一次地以吵架告终。每一次，银行家都努力设法让每个人重新回到谈判桌边，继续谈下去。

投资银行家在并购过程中只有一个目标：让交易不断接近终点！ 就像房地产商一样，银行家的利益是根据交易的成交规模按比例提成的，所以首要目标便是达成交易获得回报。因此，银行家完全有动力消除威胁交易的所有障碍。无论需要什么，银行家都会去做，只要手段合理就行，目标就是确保大家签署最后一个交易文件。

投资银行家最终要对公司的股东负责，不是对你，不是对投资人，也不是对管理团队。 然而联盟有时也会受挫。老交情总比硬性原则更重要。你的银行家也许会发现他正置身于一场和买方利益严重冲突的交易中。曾有一好友雇用了一家顶级投资银行公司，来推销售卖他自己那家相当成功且收益颇丰的公司。经过长期投标过程后，投标价最高的公司碰巧也雇用了这家投资银行。即使雇用的是不同的团队，但毕竟是同一家投资银行来代理交易双方的利益，那天，我的朋友感到非常郁闷，若交易双方的银行团队间不存在利益冲突的话，那售卖的结果可能比现在更好。毕竟，投资银行将来不会再有机会与出售方合作，但与收购方合作的机会还是很多的。

投资银行家不会改变你公司的价值，但一家知名的投资银行会增加过程的可靠性。潜在的买家很有可能想看看公司的指标然后再做出报价。在你收到标书前，或在最后的谈判中，需要看看什么是反映你公司状况铁一般的数据：总收入、账面利润、客户数量以及上述你技术的所有价值与承诺。

当出售科技初创公司时，公司的收入越少，你就越需要关注无形资产，包括最重要的知识产权。用技术的价值、竞争力与技术诀窍来弥补财务表现上的不足。显然，投资银行家不如你更了解技术，不像你这样能快速理解技术并演示给买家看。银行家可能熟悉也可能不熟悉你的行业，及潜在投标人不同角度的兴趣点。他如果没有得到你们在技术上的支持，那么如何达成一笔完美的并购交易呢？

当你与银行家合作，试着分配银行家和管理团队之间的职责。让银行家和律师处理可能威胁到你与买家关系的不愉快的谈判工作。既然将来你要在买方那里工作，那还是和买方保持健康良好的关系比较妥当。同时，让银行家集中专注下列交易行政方面的工作：

- 说服各利益相关方，他们正受到公平的待遇；
- 管理尽职调查过程；
- 管理招标战中的信息流。

与此同时，你要保持控制谈判中的其他重要方面：

- 展现并维护公司的价值；
- 为并购后员工和管理层的命运作谈判；
- 如果无法达成最佳方案，为公司准备一套后备计划；
- 为你自己和你的员工建立起与买家之间的关系。

银行家不关心这些最终交易的次要方面事宜。如果你也不负责，这些问题将在谈判中被忽视。一定要密切关注谈判，不要以为可以完全委托专业人士而安心地坐享其成。

贫穷（不盈利），但很漂亮

在你试图卖掉公司之前，你的创业公司获得真正利润的机会几乎很渺芒。相反，我们中的大部分人在公司持续亏损的时候，仍然试图获取显著的经济回报，他们持续投入经营，努力奋斗支付账单，一般都生活在财务可行性的边缘。

在没有主要的财务收入时，你被迫通过描绘一幅漂亮的前景，讲述一个动听的故事，来引诱潜在的收购者。你必须拿出一个可信的答案，解释一系列很难解释的困难问题：为什么有人会花钱购买一个长期以来一直在尝试打开市场局面的实体？ 为什么有人会购买还没有人使用过的技术价值？ 当他们对所有的情况都了如指掌后，为什么有人还会相信明年的情况会更好？

当你把这些故事都讲圆满后，记住不要被自己不切实际的前景描绘和并购后夸大的繁荣搞得失去自主性。收购方一定会要求你负责实现自己所描述的承诺。任何交易前的承诺和交易后的兑现脱节都会被记住，并给团队带来不利影响。因此既要充满激情，但又要脚踏实地、实事求是！

战略价值

当商务人士想要走一条经济上看似不合理的路时，他们往往看重这些商务带来的战略价值。一位渴望前行的企业发展经理会推动消费者免费项目，就是因为出于“战略原因”考虑。一位产品经理准备研发一个不太可能带来足够收入的产品时，也是因为这个新产品“在战略上意义非凡”。

如果你想鼓励一个有战略价值的收购，请详细说明。如果战略价值不可显现出结果，成为未来的现金流及财务业绩，那它又有什么好的呢？当然，你无法预测未来，但你可以预期并描绘两个实体结合的场景，他们将带来战略和金融上的巨大改变。

你描述得越详细，你的论点就越强大。利用这个机会秀一下你对买家业务的了解。指出为什么收购是对他们业务战略的上佳选择。创业管理团队有一种天然的倾向，喜欢谈论他们自己公司的价值。因为他们对自己了解得最清楚，也是他们认为他们需要推动的。然而，对买家而言，最重要的是收购如何提高收购方的业务，而不是你的。

市面上有不少著作关于如何提高销售成功的关键点，主要是站在顾客的角度看问题。 那么销售你的公司也是同样的思路。买家需要清晰地看到收购对自己公司的价值。作为你自己公司的销售人员，你需要解释为什么这样做是对的，就像一个好的产品销售人员一样，就要完全站在顾客的角度去为客户着想。

积极趋势

创业公司茁壮成长的估值可以通过一、二阶导数曲线来描绘！ 如果年轻公司在任何一个关键指标上（即正的一阶导数）都可以呈现出一个积极的成长趋势，这将是一个很好的有利于谈判的趋势。即使目前的表现显示公司的价值为零甚至是负的，收购方仍会相信积极的趋势将持续并最终带来盈利能力。

甚至更好的是，一个正的二阶导数表明更高阶的增长或指数级增长：现在创业者可以证明，这种积极趋势正追随著名的曲棍球棒效应，在将来会加速上升，为创业者或收购者带来巨大的经济利益（见图 11—1）。

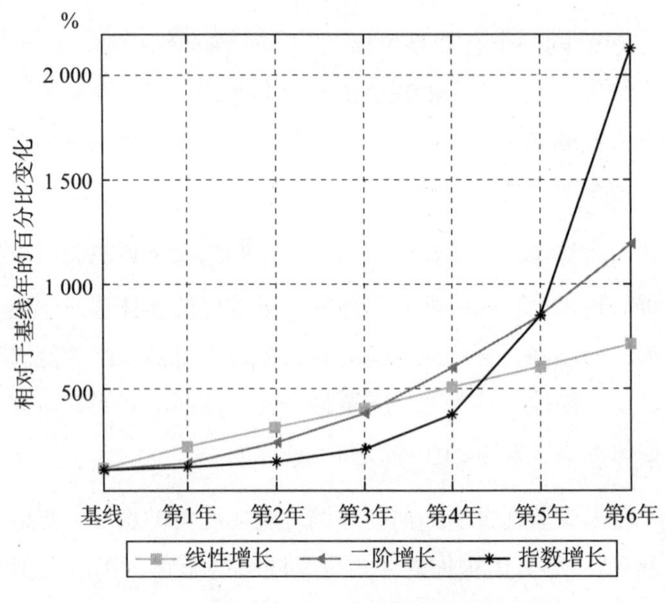

图 11—1　积极趋势示意图

在图 11—1 中，有线性增长（正一阶导数）、二阶增长（正二阶导数）、指数增长（指数一、二阶及其衍生曲线）三条曲线。注意三条曲线在起步后三年非常相似。在那个阶段，几乎是不可能侦测到增长模式的差异。我们还注意到，在这个例子中，需要 4 年的时间，指数增长曲线才会超越线性和二阶增长曲线。

当你提升公司价值时，要意识到一些小的积极的增长指标更容易令人相信创业公司未来光明的前景，而不是靠一堆平庸的数据。即使收入平平，但另一个维度是，只要拥有指数增长曲线，就要比一点点的收入增长或根本没有收入增长有价值得多。当你准备出售公司时，需要把全部精力关注在这些小的积极的增长指标上。尽管你应该在任何可能下都极力将收入带到增长曲线轨道上，但当你准备出售公司而讲故事时，请把焦点放到以下这些更容易的维度上。

- **销售开发许可证（软件业务）或开发套件（硬件业务）。**在魔法事业公司，我们常常吹嘘关于增加开发套件体量的概念，那些新增的开发套件都会被转换成大量的 OEM 产品。[①]
- **客户档案。**魔法事业公司的一位销售副总曾有过一个 5 万美元俱乐部的奇想，想展示超过 5 万美元的客户数量在一年中是如何大幅增长的。尽管 12 个月后，这个奇想就不再成立了，但我们发现 1 万美元俱乐部做得还算不错。
- **免费用户的数量。**你可能认为，使用产品或服务不付费的用户不能称为真正的客户。然而，若你想呈现给将来的主人更好看的数据时，可以不必特意强调这条。相反，将关注点放在论证你将如何把免费用户转换成付费用户。
- **成长溢价。**产品或业务的成长溢价是指，总毛利润超过销售价格的比例，这对硬件业务来说是个重要的指标。不管是在什么情况下，产品的成长溢价总是用来论证积极而又光明的前景的。如果成长溢价良好，那你制造的产品相对于销售价格而言就是小成本；管理层会认为当公司成长空间良好时，销售上升时的利润可期。如果成长溢价不好，即产品制造成本占据了销售价格的大部分，那管理层就会认为只有当制造过程不断通过新的使用者优化后，公司的账面利润才会大幅提高。

成本协同效益和运营开支节省

自从发明了兼并和收购，成本协同效应和运营开支节省常被用作衡量标准。通常希望两家公司合并后，通过互补长短来节省开支，然而这种期

① 直到我们意识到产品销售的开发包的转换率相当低。

望往往达不到。收购会导致一个新的独立分支诞生，这更有可能导致整体运营成本的增加而不是减少（见第 12 章）。

运营协同效应不可能发生，除非减少两家实体合并后的人员结构。虽然可以想象，新的母公司会从收购公司中转移人员到母公司，但更有可能的是，有些员工必须离开以实现业务收益。

如果你选择出售自己的公司，是为了收购后可以明显节省开支，那就确保你愿意接受这么做的后果，即做好准备，不是所有在你组织内工作的人都会在交易完成后留下来工作的。

市场抵达

小型科技公司是出了名地只能限制在自己的能力范围之内，规划、进入市场并向自己的基础客户群进行销售，根本没有足够的工作时间及资源，与国际市场沟通并对接。如果花费资源建设渠道，你很可能会忽视最终用户。如果决定把精力放在最终用户上，那很可能又会忽视渠道建设。如果你碰巧能够将这两点平衡好，那还需要在市场和广告上投钱。同时，当你专注了国内市场，很有可能会忽视国际市场，反之亦然。

把公司出售给更大的已有国际分销渠道的母公司时，你便获得了建立在母公司分销能力上的新机遇。一定要准确地为你的公司找到，由于两家公司合并而带来怎样的预期市场。至于是要在收购前，还是在收购蜜月期结束后，来实现市场预期，那要视情况而定。也许你要导演一个听上去非常棒的故事，以促成合并事宜，成功后再慢慢调整可执行的现实。

（互补）技术

技术创业公司别无选择，只能集中在狭小的技术领域提供一种解决方案，以换取一片市场空间。平衡焦点需求和抵达足以支撑公司的广阔市场都是非常艰巨的任务。如果创业者聚焦在一个太小的价值链上，或试图吞下一个巨大的市场，都将会以失败告终。在第一种情况下，发明了满足微量需求的伟大产品。而在第二种情况下，公司需要做的事务太多而无法集中优势资源。

如果做对了，一场收购可以解决任何问题。如果收购方提供业务解决方案，该方案可以吸收和利用科技创业公司的技术优势。被并购的创业公司就不再需要建立且维护自己的渠道和市场。相反，团队可以进一步专注于提供技术。

另外，如果收购方处在一个基本重叠的市场，出售相似的技术，合并后的实体可以受益于工程、市场和分销。合并并不意味着会裁员。相反，这意味着所有的员工在合并后可以更好地、周到地覆盖小细节，使产品获得成功。

当你跟潜在收购者谈判时，不妨详细询问合并后的具体商业计划细节。此外，你应当主动展示合并后给产品和业务所带来的机会提升。你对收购方的业务事先了解得越多，你越能描绘你的故事，显示合并所带来的机会与成功。

你正错过那艘船

创业管理团队倾向于认为自己的公司是独一无二的，而且是少数有价值的收购目标之一。如果你等待太久，他们将告诉潜在收购者，竞争者一直在抢夺市场和一些技术领导者，你和那些没有抢先收购的公司将不幸被替代，并离开市场：(1) 由于进入市场太晚了，只能交出还未成熟的半成品；(2) 只能收购更小的创业公司，却要支付更多的投入；或 (3) 干脆被排除在新兴市场外。

事实上，在某个高科技领域里，有价值的收购人通常是有限的。如果能成功成为该领域内的顶尖供应商，那么尝试着向收购公司宣扬“你正错过这艘船”这样的论调。这招针对那些对你的领域不太熟悉的收购方很管用，他们害怕错过下一个大好时机。

“你正错过这艘船”是一个很好的策略，能帮你一只脚踏入收购公司的大门。当然，当你进入严肃的谈判时，你需要提出更充实的证据论证你的观点。

财务估值

对于不盈利的高科技公司而言，他们的市场是非常低效的。在供应方面，某一特定领域的初创公司倾向于一家为所有实用目的而存在的公司。在需求方面，潜在的买家团队也很小。此外，有关交易的信息、收购候选人和感兴趣的买家倒是不难获得。

在谈论战略和无形的利益时，你很容易忽略收购方将会评估你的财务状况。即使是一家懵懂的初创公司，也将会被评估是否将来有盈利能力。尽管你可能不喜欢财务评估方法,但最好了解是用什么样的公式来评估的。至少，掌握这道数学题，可能会给收购团队的 MBA 留下深刻印象。

类比法

小型科技公司很难以财务表现作为价值评估的基础。因此，需要寻找一家已知市场价值的公司作为类比公司，以此建立价值评估的基准线。既然完全一一对应的公司不太可能找到，那么你可以用与此公司的差距和差异来塑造你的故事。如果两家公司具有相似的收入，但那家公司的账面利润比较高，那么就聚焦在收入对比上。如果两家公司具有相似的市场份额，但那家公司的运营更好，账面利润也比你高，那么就强调我们可以优化运营。

- **上市公司。**具有相同商业模式的上市公司可以相互借鉴做类比（公开类比）。既然财务数据是公开可获得的，那就很容易建立价值评估标准，如市值收入比、市值利润比或市场份额。
- **近期收购的本行业的创业公司。**这类公司常用作价值评估的基准线（交易类比）。其财务数据通常是拿不到的，这反而是件好事。唯一的事实就是，一家相似的公司已经被收购了，说明这是有价值的且有人感兴趣的。你可以猜测一些参数，并强调那些有利于自己公司收购议程的数据。
- **近期公开 IPO 的公司。**这也是最佳的类比对象，只要有可能，把你的公司和公司价值与他们相关联。[①] IPO 候选人的 S-1 申请（美国的证券管理机关申报档案）和随后的季度报告是最全面以及最值得期待的类比信息源。

企业价值：挑选你最喜欢的业绩表现指标

比较法是最好的企业价值（enterprise value，EV）评估方法，也是最简单的财务价值评估方法之一。EV 是基于这样一种假设：公司的价值可以通过几个关键指标乘以一个固定的乘数得出。最常用的指标是 EBITDA，（earnings before interest taxes, depreciation, and amortization）是指未计利息、税项、折旧及摊销前的盈利：

$$V=EBITDA \times M$$

其中：

$EBITDA$ = 今年的 EBITDA；

① 在 RFID 行业，我们的一个竞争对手把自己公司与另一家 IPO 候选公司比较，他们比较两者间的参展摊位大小。他的概念相当有趣，尽管最终类比公司未能成功 IPO。但这样做，没有什么害处，反而很有创意！

M =赢利乘数。

乘数 M 是由基于特定行业和市场的可类比交易决定的。举个例子，高增长行业的乘数 M 往往比低增长行业的大。除了 EBITDA，其他盈利指标也常常视情况而使用，包括直接的盈利（ earnings, E）和未计利息、税收的盈利（earnings before interest and taxes, EBIT）。

不幸的是，企业价值评估（EV）的这些盈利指标没法用在还不赚钱的公司身上。那么对于那些不盈利但增长速度飞快，或想在价值泡沫期卖个好价钱的企业而言，收购方评估时会用其他指标代替。指标和乘数因子可以通过非常具体的业务类型和当下的市场实际估值来决定。

- **销售。**我们的收入终将超过开支，这只是一个时间问题。年度销售是最广泛使用的替代指标，用于还未盈利的增长型公司的 EV 价值评估。乘数因子适用于目前收入和前瞻性收入差别巨大的行业。数值可以从小于 1 的数到几百。
- **用户数。**最初我们选择不收用户费用，但一旦收费，将来我们会赚很多钱。用户数指标已经让互联网公司繁荣起来，最近又被作为收购社会化媒体时的惊人乐观指标。当获取和维护单个用户的成本相对较低时，用户数这个指标更能发挥价值。
- **季度用户获取量。**以我们发展的速率，一会儿工夫就会获得大量用户。如果你还没有很多客户和用户，那不妨展示一些数据，以表明你们获取用户的速度有多快。如果连续数个季度，你能表现出稳定的增长曲线，或者在短短几个季度中急速上升，那么你的用户获取量指标将很有可信度。

贴现现金流

贴现现金流（the discounted cash flow, DCF）是计算公司估值的一种方法。它基于假设的未来的现金流（ cash flow, CF）及折现率或利率，来计算一家公司的净现值（the net present value, NPV）。

$$DCF = CF_0 \cdot \sum_{n=1}^{N} \left(\frac{(1+g)}{(1+r)} \right)^n$$

其中：

CF_0= 第 0 年的正向现金流；

g = 年度增长率；

r = 年度折现率；

N = 时间跨度。

该公式很简单，它假设从正向现金流开始，有一个固定的增长率。它直接规定了未来任一年度的现金流，包括那些负现金流的年度。假设你能合理地说明未来某一时刻你能拥有充足的正现金流，那么这个公式就能够预测到正 DCF 价值。当然，这对一家还未达到盈亏平衡点的新兴公司来说无疑是有利的。更灵活的公式如下：

$$DCF = \sum_{n=1}^{N} CF_n \left(\frac{1}{(1+r)} \right)^n$$

其中：

CFn = 第 n 年的现金流。

让我们看一个有关 Ju 公司的假设例子。Ju 公司从来没有盈利过。在当前一年里，该公司预计损失 50 万美元。团队已经说服了收购者，合资企业将在接下来一年中达到盈亏平衡，并在第二年有 50 万美元利润，然后以每年 50% 的速度增长。

使用 10% 的折现率和 10 年的跨度，我们计算出该公司 DCF 估值为 1 080 万美元。这对一个不断赔钱的小公司来说还不错！

显然，因为未来正向现金流的假设，大大增加了买家的风险。挑战是让买家相信这个预测，并接受这个公式。如果你能成功地让财务前景变得可信赖，那这个公式的评估方法可以帮助你度过余后的谈判并卖出一个好价钱。

借口

万一所有那些数学魔法都不起作用的时候，你该怎么办?

这里有几个论据可以提供给潜在收购者看。明智而有选择地使用它们！它们都曾经被使用过，不过一定要选择合适的时机再使用它们。

- **“尽管我们做得不够好，但比其他任何人都好！”**我们过去和现在的财务状况并不是管理团队无能或缺乏竞争力的表现。相反，乏善可陈的财务表现是由不幸的外部因素导致，而这种状况正在改善。我们是最值得下赌注的团队，因为即使在不好的环境中，我们仍然是生存得最好的。①
- **“我们是市场领导者！”** 既然在我们行业里没有财务表现好的公司，那为何不把自己变成领导公司？ 虽然我们还没能充分利用我们的竞争优势，但一旦条件改善，我们将处于最好的市场支配地位。②
- **“市场条件正快速地改善！”** 当然，你应该自己评估市场。直到最近还没有巨大改善发生，但有个明确的上扬信号出现在最近的事务中。只要看看 X 公司 [客户公司] 是怎样使用我们的技术启动项目就行。或者看看 Y 公司 [竞争供应商] 正增加了人手来处理增长的需求。” ③
- **“如果你收购我们，我们将获得更好的制造服务而大大提升我们的毛利润。”**我们目前还没赚多少钱，但这完全是因为我们产品的制造成本过高。一旦我们加入你们的组织，将提高毛利空间，以更好的定价获得市场增长。” ④
- **“最近的新品发布将增加我们的市场份额。”**我们最近开发的产品属于行业中一个真正有意义的量级飞跃，没有其他什么产品可以比拟的。当然，进入

① 希望你是行业里最好的团队。如果你不是，提出你的论据表达你知道如何做得更好。

② 不需要具体时间。

③ 用微观经济学的观点来说明你所处市场的宏观形式变化。

④ 这种暗示相当于循环论证，表明增长幅度会越来越高，定价也会越来越好。你可以甩开膀子大干一番！

采购程序还需要一段时间，我们必须要有耐心。眼下时机刚刚好。如果你买下我们，你将受益于即将发生的巨大收入增长。你要做的就是以最快的速度采取行动！①

投标战争和冲突

你想让竞买人知道还有其他团队对整个公司感兴趣。保密协议（NDAs）可能阻止你透露任何重要信息，但只要你愿意，你可以暗示对方一些信息。无法披露名字和事实对你是有利的，当投标人相互之间没有联系时，这种暗示才会刺激竞争性焦虑。

注意不要无意间提及其他投标人。在紧张的谈判过程中，你可能在同一时间内，和多方投标人同时进行谈判，很容易将他们混淆，并失误地将其他公司的名字透露出来。

当涉及谈判时，大公司及其决策者在情绪上并不占优。想要拥有一家新型公司的欲望很容易误导对并购公司的合理估值。你则处于一个最有利的位置，即挖掘潜在收购者的情感脆弱点，比如你发现对你感兴趣的买家之间是多年的仇敌或竞争对手。两位候选人之间曾有过一段竞争过往，并在过去的收购大战中一方曾被另一方重拳击败过。没人会愿意第二次输给同一个竞争对手，尤其是那些镇定自若且争强好胜的CEO之间的对决。这些潜在的收购者会做出任何努力来赢得收购，而不是承认败给自己的对手。

① 产品之间的比较是一种高度主观的判断。你占有绝对的主导地位，因为你比其他任何人都了解竞争对手。然而，最好尝试去找到独立的第三方来褒奖你的技术。

保护团队

在魔法事业公司挂出出售广告后几个月内，我们终于有了两个买家愿意坐下来谈判。唉，出售公司可能无法偿还高昂的债务，也可能无法满足优先股股东的期望。

接下来的是一场在投资人、管理团队和潜在买家之间的痛苦谈判，为达成最终各方都能接受的方案。投资人想从交易中尽可能多地拿钱；管理团队和员工需要为自己的牺牲拿到补偿，一来他们会与收购方签一份多年的长期合约，二来他们需要遵守令人不适的竞业禁止协议；而潜在的买家需要得到员工的承诺，把业务和技术继续向前推进。

作为管理团队，我们决定照顾我们的员工并确保他们得到充分的补偿。为了支持需要激励的员工，我把投资人比喻成："我感觉正在与我结婚 10 年的妻子进行一场离婚案，尽管我仍然爱她。与此同时，我被要求与另外一个女人结婚——一个我不曾认识的人，尤其是她还未立即向我表达出她的爱。我为何要同意这样的举动呢？" 不用说，投资人和潜在的新雇主对我的这番言辞是无动于衷的。

即使经历了多次情绪失控，最终我们还是摸索出了妥协的方案，并达成所有必要的目标：（1）出售公司；（2）归还投资人的钱；以及（3）保持基础团队完好。事实上，交易完成后的三年，我们中的大多数人仍然在为新雇主工作。

创业公司的处境越困难，在收购中保留核心团队就越重要。谈判的睿智在于，收购方最关心的利益是保留团队中的关键人物，而其他的利益相关方倒不太重视这一条款。而在现实中，核心团队的承诺几乎关系到每个参与者的利益。任何有经验的买家在获得核心团队的合理承诺保证之前，都不会轻易达成交易。若公司除了出售自己没什么其他选择的情况下，那么在可遇见的未来，保持自己团队的完整性势在必行！

员工股权割让：保留团队

大多数设计用来保留和激励原来管理团队和员工的工具都是由收购方赞助的。有个例外是股权割让（Carve-Outs）。股权割让是指保留一部分出售公司的收益，给管理层和员工团队作为奖励。这部分安排是为了激励员工继续留下来工作的，为了能让公司卖个好价钱，尤其当传统的激励措施（比如股票奖励或期权奖励）无效的时候可使用。

在并购中，当创始公司普通股不值钱的时候，股权割让是采用的主要方法。如果公司优先选择出售自己，而其普通股又不值钱，那么员工是无法从自己所持的股票中得到现金回报的。而一个成功的并购交易恰恰取决于和那些辛勤工作的员工的合作，是他们领导了交易的成功，甚至带来了超越交易的其他可能性。当董事会意识到常规的激励无法鼓舞管理层团队和员工时，他们可以决定当并购交易结束时，分配以现金为基础的员工激励组合方案。

股权割让设置可以在并购交易前，也可以在最终谈判时。当决定出售公司时，很明显，普通股股东从交易中仅获得一点点甚至没有经济利益的提升，员工会倾向于寻找新的工作，而不是继续为现有的工作贡献力量。股权割让若安排在并购前，能帮助激励员工在职业上决定留下来直到交易后。提醒你，股权割让不等于遣散安排，而是为鼓励核心员工而设计的激励组合方案，是为了让公司实现一个非常具体的目标。他的目标不是分离员工，而是让他们保持和股东与董事会利益一致。

留任奖金和按盈利能力支付计划

在并购中，你如何给一个人标价？ 一位买家真正希望从一个小型独立初创公司中，得到管理团队价值的原因是什么？不幸的是，还未有人找到完美的解决方案，以确保前企业主和他的团队顺利地合作，并承诺付之激情。

收购方保留关键人才的最佳时机是给他们提供灵活的量身定制的财务回报和其他软性价值。前创业者或员工会继续寻找个人成就。他仍然有兴趣寻找朝九晚五的工作。因此，新雇主需要提供一个鼓励创业和创新态度的环境。而且，收购方需要考虑个人的实际情况，提供相应合理的财务奖励。

在激烈的并购谈判过程中，很容易忽视各种留任工具（奖励）之间的差异。最重要的是，你应当意识到留任奖金（retention bonuses）和那些为绩效设计的奖金之间的差异。

留任奖金是奖励给那些明确留下来继续受雇数月或数年的员工。只要你没有让新雇主解雇你的理由，你所要做的一切就是留下来兑现。留任奖金可以现金或股票的方式支付，通常在留任期内授予。如果你得到股票，在等待期（vesting period），你的股票价格可能上涨也可能下跌。在获利期（earnout period），你可能过度依赖雇主的股票价格而不出售。

相比之下，绩效奖金是指个人持续被雇用且达到一定绩效指标时的奖励。收购方喜欢保留被收购公司的管理团队，让他们对新公司的收益和利润负责，并将补偿激励与特定绩效指标挂钩。对收购公司而言，这是一个很好的防止损失的手段，但对个别员工和初创公司的原始股东而言，这可能是个糟糕的交易。当你谈判争取留任奖励包，而不是绩效奖金时，请参考如下几点。

- **没有绝对的控制就没有绝对的义务。**收购后，管理团队将无法掌控自己的命运。你被扔进一个任何一天都有可能改变的组织结构中，它取决于业务的前景。母公司的高级管理人员可能扼杀任何努力或动用职权改变方向。这是他们购买你公司时就自然获得的权利。正因为如此，所以对管理团队的赔偿不应该是收购后基于公司绩效的一个风险函数。

- **在你收购之前，请仔细地调研。**收购方经过一段漫长的尽职调查后，决定对公司下一次赌注。收购公司已有足够机会让自己确信这笔交易是有利的。而最终是否有利取决于很多因素，而这些因素基本都出自原始管理团队之手。收购方的决策和尽职调查团队喜欢用团队未来的绩效来抵消现在的成本风险。尽管这种方法可以理解，但也不是创始管理团队应该答应的事。
- **未来的收益与风险正在易主。**当企业的主人更换时，企业的掌控权、承诺、风险和未来的收益都易主了。收购方买的是公司未来的潜力价值，而不仅仅是当前的价值。公司原来的主人（包括管理团队）原先拥有公司未来的潜力价值，被收购后就不再拥有了。为了稀释交易风险，将创始团队的奖励与业绩挂钩，这样的做法不应作为主要的保留机制，应作为创始团队得到充分补偿后的附加机制才显得合理。

总之，留任奖励承认创始公司目前的净价值需要由创始人和管理团队继续留任并带领团队向前发展才能体现出来。这些奖励组合方案对被收购方雇员和收购方都是具有很大意义的。相比较而言，以业绩为基础的奖励很容易变成雇员和管理团队的灾难。

我需要承诺未来新雇主服务多久时间

这取决于收购方对新的子公司的部署，是否保留原来的核心人物，这其中的差异很大。如果创始公司业已成熟，不再需要英雄式的努力而仅靠正常运作就能生存，收购方很可能雇用更低价的人选或启用自己公司的员工接任。而如果创始公司仍然在寻找合理的商业模式，努力达到盈利，那收购方一般会保留老东家。

对我而言，一个多年的承诺听起来仿佛是一段很长的时间。不过，经历 10 年的创业，我不再抱有任何幻想，我明白如果真想克服重重困难追求长期价值的话，那么几年时间很快就过去了。实际上，在一个新的环境里，两年到三年时间对想做出点显著成就来讲还是相当短的。

这点时间勉强够学习和适应在大公司里生存。我真的很感激有此机遇来体验另一个世界的生活。接下来几年，允许我在一个相对舒适且拥有稳定职业的情况下，思考下一步要做什么让我感兴趣的事。

在任何并购中，管理团队几乎不可能签署小于 1 年的合同时间。一般 3 到 4 年都在合理范围内，当然这确实算是较长的期限。当你与收购方谈判留任合同期限时，请不要忘记关注新的雇佣合同中的其他关键条款。关注你留任股票的待权时间、期权、竞业禁止条款及其执行规定，以及提前终止合同的遣散方案。还有在合同期内，万一雇主又发生所有权改变时会发生什么样的变化。

THE TECH ENTREPRENEUR'S SURVIVAL GUIDE

一切都做好，结局就好

第 1 课

如果你打算卖掉自己的公司，一位投资银行家可以帮助你找到感兴趣的买家，管理谈判过程，解决人的问题，并当谈判陷入停滞时再次重启谈判。然而，你自己必须以一个积极的角色推销自己公司的技术和价值。

第 2 课

如果想以一个体面的价格卖掉公司，确保能在某些方面展现出业务增长。少量的增长指标远比大堆平庸的指标有效。

第 3 课

一个不赚钱的技术是没有价值的。看好你的业务和行业，但不要过度承诺！ 然后用一些公式来增加你预测的可信度。

第 4 课

对于出资人来说，最可怕的噩梦是没有交易，没有管理团队想过来。不要羞于询问员工留任奖金。保留核心人才需要收购过程中卖方、买方及管理团队的共同努力。如果最好的人才决定离开，那对每一方来说都会失败。

12 大公司生涯

生活充满了不幸、孤独和苦难——这一切结束得太快了。

伍迪·艾伦（Woody Allen，1935–）

众所周知，创业者都厌恶按收购后几年企业的盈利能力来支付收购款的支付计划。正因为如此，我们中的一些人放弃了这种交易，哪怕是巨额收购，就是想尽快逃离这种现代“卖身契”。

不包括我！我是在收购后，在某种异样的平静后才醒悟过来的。我将在未来几年有份稳定的工作，而且一时也不用思考未来。经历十多年焦虑的职业生涯后，这真是一种解脱！将有足够的时间启动下一个让我焦虑的新公司……但是，结果完全出乎意料，新的担忧就在那天——为身价数十亿美元的上市公司工作伊始的那天开始了。

收购哲学

那些对收购魔法事业公司表达出认真态度的公司，提出了截然不同的经营理念及收购后的业务发展计划。

最极端的投标人仅仅对我们的专利文件感兴趣，并表示收购后将解散我们公司，而仅仅保留专利。还好他开了个不讨喜的价格，这宗交易最终未能达成。

第二位买家主要对我们的底层技术和工程师团队中的一些成员感兴趣。魔法事业公司作为一个实体将不复存在，而我们的技术将被整合进收购方更大的业务单元中。不管在谈判中设定怎样的底线，大多数魔法事业的员工都将失业。除了我们员工的个人困境外，预计魔法事业的品牌资产也将不复存在。

第三位投标人提出完全相反的方案而最终获得胜出。虽然魔法事业公司将失去其独立法人地位，但它最终还是作为一个自负盈亏、拥有自主品牌、自主人员结构和管理团队的独立实体保留了下来。每个人都将继续留在其工作岗位上。魔法事业公司作为这家跨国公司的分部，看上去和感觉上都非常像原来的魔法事业公司。一些长期客户说他们甚至没有感觉到任何事发生过。

部门收购

作为一个独立的部门被收购肯定有很多吸引力。它保留了前创始团队，员工们被允许继续做他们之前做的事情。然而，部门收购也有着以下显著的缺陷。

- **有人提到盈利能力了吗？** 从母公司的角度看，部门的组织结构是简单而易管理的，它仅需最少的企业监管。部门经理有明确定义的责任经营业务。简单的财务指标是子公司与母公司之间最主要的管理与沟通工具。作为部门管理自由的交换条件，母公司当然期望部门能够提供利润并实现最终增长。

- **没有协同效应，但有很多大企业的开销。**部门收购时，大多数员工被保留下来运作原先的业务，所以新成立的部门并不习惯大幅削减成本。与此同时，大企业的开销却加重了部门的损益负担。因此，收购后，账面利润更有可能恶化而不是改善。
- **季度财报始终围绕你左右。**上市公司以重视季度财报而出名。老总们喜欢宣称他们善作长远打算，但实际上股东们的要求和本季度的财务业绩才是他们最关心的，要远远优先于长期利益。尤其当公司的财务业绩处于压力之下，根本没有空间对收购企业注入更多资金时。即使追加投资能让被收购公司发挥出更多潜能，大公司一般也不会追加。
- **其他部门也正努力创造业绩。**新部门想依赖企业的其他姐妹部门而增加其产品的影响力。然而其他部门却正在努力提升自己的财务业绩，朝着他们既定的预期路线图及发展重点前进而无暇顾及你。所以想从处于财务压力的同事们那里获取帮助是不现实的。
- **为什么他们不对我富有前瞻性的好战略给予奖励？**可以理解，企业的激励机制是结构性设计用来奖励今天的财务业绩的，而非奖励揣测未来现金流的。要让大公司为刚刚收购进来的小实体调整其激励机制是不现实的，即便是那些更有意义的激励指标，那些能够帮助新部门创造出更伟大价值的指标。

从理论上讲，对母公司来说，收购一家技术型公司作为一个部门是最佳方案，这样能确保技术继续发展并充分发挥其潜力。现实中，对于新收购部门的种种限制却可能导致完全相反的发展结果：没有足够的资源和额外的投资，新部门将会丧失自由度去实现它的承诺。

完全整合

另外，收购方可能会选择将所收购企业完全整合到现有的业务单元中。整合有许多优势但也有以下显著缺点。

- **巨大的成本节省，但你还是有可能失去工作。**某种岗位职能需要被淘汰，以降低成本，提高效率。多余的岗位通常包含生产、执行、一般管理、人事及财务。岗位削减也可能发生在销售、支持和渠道管理上。
- **再见，亲爱的产品和客户。**完成整合后，你现有的业务可能会为新的商业模式和商业计划牺牲掉。对创始团队来讲很难接受。毕竟，每个人都曾在那些产品上倾注了所有。对那些信任你的客户而言也是艰难的，他们现在不得不寻找新的替代品。

而积极的一面则如下所示。

- **好在，有一个销售渠道！** 即使作为初创公司，你已然干得不错，但你的销售和分销渠道很可能受到重大制约。当公司整合到收购方时，借用原有的销售和分销渠道就能轻而易举地让你的业绩突飞猛进。
- **整合的产品组创造出整合产品。**整合到一起的业务单元更能发挥技术的力量，远比作为其他业务单元的部门要强。在整合后的部门内，产品的市场人员、工程师来自母公司和被收购公司双方，他们紧密合作创造更富创意的解决方案，这样的整合比原来任何部分的力量更大更有价值。

至于是完全整合好，还是保留原来的创始公司作为部门好，没有定论。在现实中，收购方不可能就此事展开讨论。收购公司往往有自己的行事风格和并购原则。持股公司倾向于将收购公司作为子公司，而被收购的技术公司择倾向于整合。

活在自己的诺言里

“收购后，收入爆发式增长将归功于我们团队的强大运作能力和母公司的品牌力。”

“因为我们利用了母公司的分销渠道，所以我们的技术最终触及各个需求市场。”

“市场即将起飞，这是最后一次像我们这样的资产能以买得起的价格被收购。”

预收购时，推销员们信心满满地答应了很多承诺，因为他们迫切想完成一个非常具体的目标：就是卖掉公司！不幸的是，在并购谈判中，推销员承诺的预测和目标有多少，创始团队就被期望实现多少。

显然，这一实现盈利的预期本来正是你试图通过卖掉公司而想逃避的责任！你已经花了几年甚至数十年时间让这家企业运作。你可能已经盈利或者尚未盈利，但至少你成功地卖掉公司了。然而，你突然意识到新老板仍然期望你盈利，最好每个季度持续健康地有两位数的增长，甚至比收购之前的原来投资人和股东期望的盈利更高。

好消息是公司顺利卖掉了，你和新老板坐在桌子的同一边了。坏消息是在收购之前你所有努力奋斗的事情仍然还在。作为大公司的一部分，本身并不能解决公司的任何基本问题。当然从另一方面讲，收购时期是商业模式做出巨大调整的良好时机。

最重要的是，确保使你的技术与产品能满足一个目的。技术是达到目的的一种手段，而不是目的本身。在大型企业内部或与母公司相关联的其他产品线中探索你的杀手级应用。其实收购方在收购你们的时候，已经考虑到需要什么应用了。那么就让这些产品设想变成现实吧。

如果收购前，你的市场太小而难以维持盈利的话，那收购后，这个问题依旧存在。实际上会更糟糕。大体量的母公司对小市场不感兴趣，即使这个市场能维系小部门的盈利。因此，尽快走出没有前途的小市场，或至少去拓展新的市场分支。

如果你之前为产品商品化操碎了心，夜不能寐，或担心海外供应商偷窃你的业务，那么这些担忧在收购后依然继续存在。新的母公司可能会在制造环节上帮上大忙，但无法改变基本事实，即在美国之外的其他地方设计和制造产品相对更便宜。所以与其试图挽救一项即将失去的业务，还不如花更多精力和母公司一起开发出更复杂更具竞争力的产品。通过整合母公司和原先初创公司的技术力量，让研发新的产品与解决方案成为可能。想想那些最有可能拦截你们的海外竞争者。

不幸的是，即使各种条件已经成熟，变革也需要时间。当你试图利用现有的新制度变革时，你很快会意识到在一家大公司里，没有什么事情会瞬间发生。而母公司只专注于季度财务报表，任何并购带来的积极财务影响即使不花费几年，起码也要数月时间才会显现。

- **发展路线图和规划。**一个初创小团队决定开发什么项目往往依靠直觉，现在不能再这样做了。大公司的产品市场计划将取而代之，这意味着更详细的商业计划、市场研究、优先设置和产品组合分析。规划发展路线图所需的时间几乎和实际产品开发的时间一样长。即使你的伟大理念能获得大公司所有评委会的肯定，它也可能仅仅是排上队，排在那些开发优先级别更高的项目之后。
- **新产品研发。**不管是否曲折，开发一款精密的新产品对大公司而言总要耗上几年时间。不像以前能及时修修补补。现在你不得不做这些工作：硬件测试，质量保证测试，beta 版测试，监管认证，环境测试。天哪！在大公司完成这些工作需要走那么多的流程！
- **销售渠道与销售伙伴开发。**让我们假设合并能允许你利用母公司的销售团队与合作网络。董事会的每个人除了现有的投资组合外，都在分销你的产品。

你可能认为从分销的那天开始收入即将流入，但相反的是，你发现自己忙于培训销售团队，向合作伙伴解释新产品，为新产品调整执行流程，以及管理市场营销活动和向最终用户提供促销推广。

- **客户养成。**客户已花了不少时间采购收购之前你所开发的创新产品。他们会继续采购。如果你的新产品真的更好，他们最终会使用它们。千万不要以为现在你顶着大公司品牌的帽子，客户就会扔掉之前的一切，来买你的小玩意。

你这边拼命地想完成以上这些事，那边不停地被财务业绩所鞭策。新上司期待你的良好表现。他们在收购这件事上已经破费不少了，现在没有心情再投入更多的资金在运作上。事实上，尽管公司收购费用本身已纳入资本运作的范畴，但运营造成的持续亏损却明明白白造成了季度财务报表的下滑，连累了整个公司的损益表。每个季度都将是首席财务官的大噩梦！

我们该做些什么来平衡短期的财务表现和长期的利益影响呢？

- **提醒你的新上司当初购买公司时的初衷，并争取更多的时间。**他们应当感谢从被收购公司获得了未来的发展潜力，比眼下的财务业绩更具有影响力。如果他们不乐意投入额外的时间和资源来帮助它释放真正的潜力，那真是捡了芝麻丢了西瓜。
- **借母公司新方案启动之际，在组织内部指定一个专职团队。**分配一名营销团队成员负责探索新渠道开拓。委任一名产品经理负责新产品开发。当你委任这些变革人员时，尽可能让他们全职专心做这份工作。如果他们既做老的业务又做新的业务，那他们被传统业务拖累的风险极大。
- **在母公司内部启动一项新计划如同创办另一家初创公司。**并购后对团队整合要求与初创公司早期阶段的经历十分相似。早年那些求发展生存的方法现在又有了用武之地。无论你是为了验证市场，为开发一款差异化产品而寻找资源，还是开发一个客户群，你都将面对同样的障碍，和你一开始创业时所面临的一样。

尽管你可能会遇到困难，但请你还是去尝试享受收购后的最初几个月时间吧。那是一个短暂的蜜月期，那段时间里一切似乎都是可能的。你是团队的英雄人物，你的新同事也乐意倾听你的故事。不过兴奋将很快被新的日常工作所取代，其实和旧的日常工作并无太大差异。所以尽情享受那段时光吧！

THE TECH ENTREPRENEUR'S SURVIVAL GUIDE

在你重新开始之前

第 1 课

在新的母公司，为了使被收购的初创公司获得成功，需要保持其组织结构的完整性以有效地运作。与此同时，一定数量的与母公司的整合是必要的，能起到协同效应。

第 2 课

组建一支专门的团队来更好地利用母公司的资源和市场等。不要被眼前的业务和需求左右而仅关注于短期利益，你需要将注意力放在长期业绩上。

第 3 课

关于合并所需的工作就如同管理另一家创业公司。许多你之前从本书学习到的针对创业公司的工具同样有效，进入母公司后，那些工具可以指引你克服难关，解读政策，完成母公司的目标。

第 4 课

尽情享受大公司环境所带来的益处！很快又会回到创业游戏中。

Bernd Schoner

The Tech Entrepreneur's Survival Guide: How to Bootstrap Your Startup, Lead Through Tough Times, and Cash In for Success

ISBN: 978-0-07-182397-5

图书在版编目（CIP）数据

创业生存记：如何经营好一家初创企业 /（美）贝恩德·舒纳 (Bernd Schoner) 著；汤懿译 .—北京：中国人民大学出版社，2017.1

书名原文：The Tech Entrepreneur’s Survival Guide: How to Bootstrap Your Startup, Lead Through Tough Times, and Cash In for Success

ISBN 978-7-300-23522-6

Ⅰ.①创…　Ⅱ.①贝… ②汤…　Ⅲ.①高技术产业－企业管理－指南　Ⅳ.①F276.44-62

中国版本图书馆 CIP 数据核字（2016）第252393号

创业生存记：如何经营好一家初创企业

[美] 贝恩德·舒纳　著

汤懿　译

Chuangye Shengcunji: Ruhe Jingying Hao Yi Jia Chuchuang Qiye

出版发行	中国人民大学出版社		
社　址	北京中关村大街31号	邮政编码	100080
电　话	010–62511242（总编室）		010–62511770（质管部）
	010–82501766（邮购部）		010–62514148（门市部）
	010–62515195（发行公司）		010–62515275（盗版举报）
网　址	http:// www. crup. com. cn		
	http:// www. ttrnet. com（人大教研网）		
经　销	新华书店		
印　刷	北京溢漾印刷有限公司		
规　格	170 mm × 230 mm　16开本	版　次	2017 年 1 月第 1 版
印　张	15.5　插页 1	印　次	2017 年12月第 2 次印刷
字　数	193 000	定　价	55.00元
